Patrick Lynen
Illustrationen von Reiner Bergmann

how to get Gelassenheit

Patrick Lynen

Illustrationen von Reiner Bergmann

how to get
GELASSENHEIT

Dies ist kein therapeutisches Buch. Therapie ist nach dem Verständnis der Macher die Behandlung von Krankheiten. Dieses Buch versucht nur, Klärungen und Lösungen für Scharniermomente im Leben zu bieten. Die folgenden Seiten sind nicht dazu geeignet, gesundheitliche Störungen oder persönliche Probleme zu diagnostizieren oder zu behandeln. Der Autor und der Verlag übernehmen daher keine Haftung für Folgen jedweder Art, die sich direkt oder indirekt aus dem Lesen oder den Empfehlungen dieses Buches ergeben. In manchen Lebenssituationen kann es sinnvoll sein, sich professionelle therapeutische Hilfe zu holen. Hausärzte können in der Regel geeignete Fachleute wie Psychologen, Psychotherapeuten oder Neurologen empfehlen.

© KOHA-Verlag GmbH Burgrain
Alle Rechte vorbehalten
1. Auflage 2014
Lektorat: Nayoma de Haën
Layout: Jutta Mundus
Cover: © Sabine Dunst, Guter Punkt München
© Autorenfoto: Amanda Berens, Köln
Gesamtherstellung: Karin Schnellbach
Druck: Finidr
ISBN 978-3-86728-272-7

für Justus.
für Laurenz.
für Leon.
für dich.

INHALT

VORWORT VON STEFAN BÜSSER

Unser Leben ist voll von Rat-Schlägen. Gelassenheit geht so, nein, eher so. Nicht alle diese Tipps helfen. Aber die von Patrick schon. Das kann ich aus eigener Erfahrung sagen.

Mir hat Patrick in einem Coaching hier in der Schweiz mal gesagt: »Bei dir ist weniger viel mehr.« Seine Botschaft: Mach einen Schritt zurück! Überleg nicht ständig, was du noch mehr machen kannst, um entspannter zu sein. Überleg stattdessen: Mache ich das, was ich tue, überhaupt richtig? Was kann ich daran noch vereinfachen, damit ich nicht ständig im Hamsterrad des Alltags laufe?

Damals habe ich mich gefragt: Warum hat noch keiner gemerkt, dass ich eigentlich viel mehr kann, obwohl ich es ständig sage? Vermutlich eben gerade darum, weil ich zu viel gemacht und geredet habe. Im Suchen nach der ganz großen beruflichen Lösung sind meine wahren Stärken irgendwie untergegangen.

Die besten Botschaften sind die, die wir in einem Satz zusammenfassen können. Wie: »Bei dir ist weniger viel mehr.« Maximierung durch Reduktion sozusagen. Ziemlich klug war das.

Und wie ist es außerhalb des Jobs? Ich finde, Gelassenheit ist kein großes Gebäude. Sie ist die Ansammlung kleiner Momente. Ein Lächeln, ein Händchenhalten, ein Geschenk, ein Zurücktreten aus der Mühle des Alltags. Auch das habe ich durch unsere Zusammenarbeit verstanden.

Herzliche Grüße aus Zürich
Stefan Büsser

Stefan Büsser ist Radio- und TV-Moderator in der Schweiz. Er arbeitet dort für die großen Sender als Moderator und Comedian.

Herzlich willkommen

Hello Du!

Unsere Fähigkeit, über Sprache miteinander zu kommunizieren, ist etwas Wundervolles, ein großartiges Geschenk unserer kulturellen Entwicklung. Jedes Wort hat eine besondere Kraft. Jeder Satz hat seine eigene Energie. Worte können verbinden oder trennen, sie sind dunkel oder hell, sie erschaffen Freundschaft oder Feindschaft

Manche Worte bringen uns nach vorne, andere bremsen uns aus. So wie wir miteinander reden, so erleben wir unseren Tag. Ich würde es daher klasse finden, wenn wir uns hier vertrauensvoll duzen könnten. Ein Du ist einfach entspannter, und schließlich geht es hier ja um Entspannung, Leichtigkeit und Gelassenheit. In England klappt es doch auch, dass sich alle duzen, ohne dass die Menschen den gegenseitigen Respekt verlieren. Also, ich biete Ihnen hiermit das »Buch-Du« an. Ok? Du kannst es natürlich jederzeit zurückziehen, wenn du die letzte Seite gelesen hast.

EIN PLÄDOYER FÜR DEN AUFBRUCH

Bis vor Kurzem herrschte in der Persönlichkeitspsychologie die Auffassung, dass mit etwa 30 Jahren der Charakter ausgebildet ist und dann auch so bleibt. In den vergangenen Jahren haben aber Studien von Neurowissenschaftlern gezeigt, dass sich die Persönlichkeit während des gesamten Lebens verändern kann und sich auch bei Älteren noch sehr viel tut.

Das Hirn ist also nie »fertig« konstruiert! Es kann sich bis zum Tod verändern und neu vernetzen. Zwar langsamer, doch die Verästelungen im Hirn wachsen. So ist es unserem Denkorgan also tatsächlich möglich, innerhalb kurzer Zeiträume auf neue Ideen und Herausforderungen zu reagieren und neue Gedanken-Autobahnen anzulegen, die bisher gar nicht vorhanden waren.

Ja, auch du kannst gelassener werden! Selbst wenn du bis jetzt zu den großen Hektikern und Stressbolzen gehört hast. Wie das funktioniert, das erklärt dir dieses Buch. Ich beschreibe hier zahlreiche Erkenntnisse, Tricks und Kniffe, die ich auf dem Weg zu mehr Gelassenheit schätzen gelernt und an viele Menschen weitergegeben habe. Die Wirkung ist ähnlich wie in folgender Geschichte:

Ein sterbender Bauer sagt seinen Kindern, er habe auf seinen Feldern einen wertvollen Schatz für sie vergraben. Doch verrät er ihnen nicht wo. Schon bald nach seinem Tod graben die Geschwister den Boden um. Von links nach rechts, von oben nach unten, und zur Sicherheit noch einmal von vorne nach hinten. Nichts. Kein Schatz, kein Reichtum. Im darauf folgenden Frühling jedoch tragen die Felder – belüftet wie nie zuvor – die beste Ernte aller Zeiten.

STATIONEN AUF DEM WEG ZU MEHR GELASSENHEIT

Immer und unter allen Umständen gelassen? Nein, das bin ich leider auch noch nicht. Aber unglaublich viel gelassener, als ich es noch vor wenigen Jahren war. Und auf dem Weg dorthin habe ich ganz viel begriffen. Vor allem, dass es für innere Ruhe und Gelassenheit wichtig ist, auch mal innezuhalten, freundlicher mit anderen umzugehen, sich selbst besser kennen und vielleicht sogar lieben zu lernen, in den eigenen Seelenkeller hinab zu steigen, dort ein wenig aufzuräumen und Dankbarkeit zu kultivieren.

Wenn du magst, kannst du an meinen Erkenntnissen teilhaben. In diesem Buch steht dir ein Kaleidoskop zur Selbsterkenntnis zur Verfügung. Wenn du beginnst, dich selbst zu betrachten und zu reflektieren, erkennst du auch, wie andere Menschen agieren und reagieren. Wenn du Klarheit und innere Ruhe ausstrahlst, kommen sie dir auch entgegen. Du kannst dann ...

... achtsamer durch dein Leben gehen,
... deine inneren Antreiber besser verstehen,
... Konflikte besser erkennen, verstehen und auflösen,
... durch Selbstliebe deine Ängste in Kraft verwandeln,
... mit Dankbarkeit dein Selbstbewusstsein steigern,
... Ziele entwickeln, dranbleiben, dich immer wieder selbst aufrichten,
... Veränderung als etwas Selbstverständliches ansehen,
... und letztlich immer häufiger aus deiner inneren Mitte
    inneren Frieden schöpfen.

Auf diese Weise kannst du Stress Stück für Stück reduzieren, einen achtsameren Umgang mit dir selbst erlernen und schließlich gelassener mit dir und den Ereignissen des Alltags umgehen.

EIN BUCH, DAS WIRKLICH SPASS MACHT

Während meiner Trainertätigkeit habe ich verstanden, dass Lesen unbedingt Spaß machen sollte. Langwierige Textwüsten und mühsame Übungsanleitungen werden, selbst wenn sie noch so effektiv sind, selten durchgehalten. Deswegen nimmt jeder der Texte dieses Buches nur wenige Minuten Lesezeit in Anspruch. Eine Zeitspanne, die sich leicht in den Alltag integrieren lässt.

Du kannst die Buchkapitel einfach nach Stimmungslage lesen oder ganz normal von vorne nach hinten wie man es normalerweise mit Büchern macht. Doch lies dieses Buch bitte in jedem Fall so bewusst wie möglich. Denn nur mit der nötigen Reflexion und dem geschickten Einbauen der Impulse in deinen Alltag kannst du dahin kommen, morgens mit einem Grinsen aufzuwachen und voller Überzeugung zu sagen: »Das Leben ist großartig. Ich werde es auch heute gelassen genießen.«

ÜBRIGENS: DIES IST DAS ERSTE BUCH MIT EIGENEM RADIOSENDER. UNTER WWW.DASCOACHINGRADIO.DE HÖRST DU RUND UM DIE UHR EINE HANDVERLESENE MUSIKAUSWAHL MIT GANZ VIEL ENTSPANNENDER MUSIK. AUSSERDEM GIBT ES ALLE ZEHN MINUTEN TOLLE TIPPS UND ÜBUNGEN ZU DEN GEDANKEN AUF DEN FOLGENDEN SEITEN, GESPROCHEN VON MIR UND DER SCHAUSPIELERIN DOROTHEE KRÜGER. AUCH DAS COACHINGRADIO HILFT DIR, JEDEN TAG ZU WACHSEN UND EIN NEUES VERSTÄNDNIS FÜR DICH SELBST UND DAMIT MEHR GELASSENHEIT ZU ENTWICKELN.

WENN ES ZU DIR PASST

Die Geschichte des Lernens war schon immer die Geschichte des Diebstahls. Die Beatles wurden die Beatles, weil sie zu Beginn ihrer Karriere verzweifelt die Everly Brothers imitierten. Elmar Hörig, Deutschlands größter Radiomann aller Zeiten, wurde so bekannt, weil er den britischen DJ Kenny Everett kopierte. Am Ende war er sogar besser als das Original. Steve Jobs von Apple hat die Idee des Personal Computers einfach »nur« auf das nächste Level gebracht. Man sollte allerdings nur die Dinge nachmachen, mit denen man eine wahre Resonanz in sich verspürt. Und dann ist entscheidend, mit welcher Haltung du sie für dich nutzt. Nutze nur das, was deine eigene Seele im tiefsten Inneren berührt. Nimm dir, was du brauchen kannst, und lass den Rest einfach beiseite.

Herzliche Grüße

patricklynen@aol.com
Köln, November 2014

17

I

Gelassen mit Veränderungen umgehen

Wenn dir demnächst mal wieder jemand zuruft: »Bleib wie du bist!«, dann frage dich: *Kann ich in einem Monat oder einem Jahr überhaupt noch derselbe Mensch sein wie heute?*

Alles verändert sich. In jeder Sekunde. Auch wir Menschen können uns **nicht nicht** verändern. Veränderung ist das Grundprinzip unseres Universums. Wie du auf die teils rasanten Veränderungen in unserer Gesellschaft mit Gelassenheit reagieren kannst, das verrate ich dir in den folgenden Kapiteln.

- ALLES VERÄNDERT SICH
- JEDES PROBLEM IST EIN TOR IN RICHTUNG FREIHEIT
- IMMER BESSER SCHEITERN
- LÄCHELN UND LOSLASSEN
- DAS LEBEN ALS SINUSKURVE
- AUF MEIN UNGLÜCK TRETEN
- DER SCHRITT ZUR SEITE
- DAS LEBEN IST SCHÖN
- ZEIT FÜR EIN NEUANFÄNGCHEN
- HESSE FOREVER
- WIE PERSÖNLICHKEITSENTWICKLUNG FUNKTIONIERT
- LASS LOS UND VERTRAUE!
- IN DIE ANTWORTEN HINEINLEBEN

ALLES VERÄNDERT SICH

In den vergangenen Jahrzehnten hat sich unser Kommunikationstempo um das Millionenfache erhöht. Vor vierzig Jahren haben wir einen Brief verschickt und er kam im Idealfall am übernächsten Tag an. Heute können wir binnen Millisekunden eine Botschaft von A nach B schicken. Unser Reisetempo hat sich vervielfacht und die durchschnittliche Schlafenszeit eines Mitteleuropäers hat sich um etwa 120 Minuten pro Tag reduziert. Wir sparen ständig Zeit und trotzdem haben wir am Ende weniger davon.

Gleichzeitig haben wir viel mehr Möglichkeiten. Allein bei Starbucks oder Subway müssen wir ein knappes Dutzend Entscheidungen fällen, um eine Bestellung aufzugeben. Unsere Welt ist eine Kaskade von unendlichen Möglichkeiten. Die wollen wir auch alle wahrnehmen. Kein Wunder, dass wir dann irgendwann «keine Zeit» mehr haben.

Viele von uns treten morgens ins Hamsterrad, spätabends wieder hinaus. Ruhe gibt es nur am Wochenende oder im Urlaub. Unsere Alltagsabläufe sind effizienter und die Firmenstrukturen schlanker geworden. Systeme und Arbeitsprozesse werden ständig optimiert und verdichtet, alles soll noch schneller gehen. Den Alltag zu organisieren, dabei Leistung zu bringen und, wenn es stressig wird, die Zähne zusammenzubeißen – so sieht das Leben der meisten Menschen aus.

Unternehmen werden ihre Geschäftsmodelle in Zukunft permanent verändern. Veränderung IST. Der Wandel ist die Konstante. Veränderungen vermeiden zu wollen ist eine Verschwendung von Zeit und Lebensenergie. Wer mit dieser Welt und ihrer Veränderung hadert, sorgt für eine innere Reibung, die auf Dauer unzufrieden macht. Wer sich für eine flexible Lebensplanung entscheidet oder sie immer schon betrieben hat, wer gerne improvisiert und ausprobiert, wird damit besser klarkommen.

JEDES PROBLEM IST EIN TOR IN RICHTUNG FREIHEIT

Wenn der Boden wackelt, wenn Konflikte entstehen, wenn etwas fürchterlich schiefgeht, haben wir die Chance, tiefe Einsichten zu gewinnen. Wir werden dann vor eine Herausforderung gestellt. Das Leben gibt uns eine Aufgabe und wir dürfen sie bewältigen. Wenn wir in diesen Momenten erkennen, wie wir die Herausforderung für uns nutzen können, schaffen wir im Gehirn neue Verbindungen und Lernmuster. Lauf nicht davon, zieh dich nicht schmollend zurück, duck dich nicht weg. Die Reibungen in deinem Umfeld sind der Weg zu mehr Gelassenheit.

Bei Problemen und Widerständen habe ich oft den Job gewechselt oder bin umgezogen. Und ich habe geglaubt, meine Ärgernisse, Sorgen und Macken damit für immer hinter mir lassen zu können. Doch, wie dumm: Die Wurzeln des Übels, die kleinen Monster aus der Vergangenheit, sind im Umzugskarton mitgereist und haben sich früher oder später bei mir zurückgemeldet.

Chancen liegen nicht in Umzügen, dem Wegducken oder Schmollen, der Verdrängung, in DEM neuen Job, in brachialen Veränderungen oder Umzügen. Das größte Abenteuer im Leben ist, herauszufinden, warum uns etwas – womöglich immer wieder – Probleme bereitet. Wenn wir dranbleiben, kann jedes »Problem« zu einem Tor in Richtung Freiheit werden. Möchtest du perfekt sein? Der Beste von allen sein? Möchtest du die Menschen in deinem Umfeld beeindrucken? Liebst du womöglich deine Opferrolle und ziehst dich immer mal wieder schmollend in die Ecke zurück? Vermeidest du Konflikte um jeden Preis? Wertest du dich oft selbst ab? Warum gibst du dieser Situation überhaupt so viel Bedeutung?

Die meisten »Probleme« und Ärgernisse stoßen uns mit der eigenen Nase auf Gefühle, die wir bisher verdrängt haben. Wer sich dem immer wieder entzieht oder Mitmenschen die Verantwortung dafür gibt, verstärkt nur eines: sein eigenes Leiden. Nur wenn du die Dinge angehst, die dir Ärger und schlechte Gefühle bereiten, kommst du zu neuen Lösungen, die dir einen anderen Umgang mit dem »Problem« ermöglichen.

»Probleme kann man niemals mit derselben Denkweise lösen, durch die sie entstanden sind.« (Albert Einstein)

MEIN TIPP: LAUF NICHT WEG, SONDERN BLEIB DRAN. ERKENNE SOGENANN-TE WIDERSTÄNDE, ALSO GROLL, ÄRGER UND VERZWEIFLUNG ALS GROSSAR-TIGE MÖGLICHKEIT ZU WACHSEN. IN DEN FOLGENDEN KAPITELN ERFÄHRST DU, WARUM »PROBLEME« ETWAS SEHR HILFREICHES SIND.

IMMER BESSER SCHEITERN

Als Baby nehmen wir alle irgendwann unseren Mut zusammen, ziehen uns langsam hoch und plumps – schon landen wir auf der Nase. Monatelang üben wir das, ohne aufzugeben, bis es irgendwann klappt. Es gibt wohl kein Baby, das sich nach zwei Monaten denkt: Och – ich lass das jetzt besser mal, das ist mir zu anstrengend.

»Wieder versuchen / Wieder scheitern / Besser scheitern« schrieb der irische Schriftsteller Samuel Beckett. Lernen ist das Ergebnis von Beobachten, Verstehen, Nachmachen, Ausprobieren und grandiosem Scheitern. Auf diese Weise finden wir zu neuen Lösungen. Am Anfang steht jedoch der Mut, es wirklich zu versuchen.

In fast allen Veränderungsprozessen können wir unsere inneren Konflikte nicht sofort klären. Wir streifen mit der Machete durch das Dickicht und können wenig bis gar nichts von unserem Ziel erkennen. Dabei entstehen oft seltsame, verwirrende Eindrücke und Situationen. Ist das der richtige Weg – oder doch der Falsche? Da hilft oft, einfach cool zu bleiben und zu lächeln. Zu den wichtigsten Dingen auf dem Weg durch die Veränderung gehört, zu lernen, solche Situationen auszuhalten. Fokussiere dein Ziel – auch wenn du es noch nicht klar erkennen kannst. Vertraue darauf, dass sich die entscheidenden Punkte im Leben erst später zusammenfügen. Viele Umwege machen erst im Nachhinein einen Sinn. Sie führen dich zu Menschen und Orten, durch die du andere Menschen und Orte kennenlernst. Das Leben lässt sich nur vorwärts leben und nur rückwärts verstehen.

LÄCHELN UND LOSLASSEN

In meiner Jugend hatte ich diese ironische Ader, mit der ich manch Unerträgliches ins Lächerliche gezogen habe. So habe ich beim ein oder anderen Ärgernis einfach den Knopf an meinem Hemdkragen aufgemacht, wenn mir das Leben zu eng wurde. Und dann ging es mir augenblicklich besser. Im Laufe der Jahre hatte ich diesen simplen Trick vergessen, meine Stirn legte sich regelmäßig in Falten und ich ließ den grauen Alltag in mein Herz.

Doch seit ein paar Jahren hab ich das Lächeln und Loslassen wieder zu einem wichtigen Wert in meinem Leben erklärt. Wenn mich mal wieder der Unfug des Alltags einholt, gelingt es mir oft, darüber zu lachen: Meine Nase legt sich in Falten, die Nasenlöcher weiten sich. Mein Kopf wird zurückgeworfen, die Augen schließen sich, der Körper schaukelt hin und her und mein »Lach«-Muskel spannt 15 Gesichtsmuskeln an. Das Zwerchfell hüpft und massiert mich von innen. Insgesamt kommt es dann zu einer besseren Durchblutung meiner Muskulatur und mein Körper schüttet schmerzlindernde Glückshormone aus.

MEIN TIPP: STELL DICH BEI GROLL UND ÄRGER MAL VOR EINEN SPIEGEL UND LÄCHLE VON INNEN HERAUS EIN ÜBERZEUGENDES, EHRLICHES LÄCHELN. ÜBERZEUGE DEIN EIGENES SPIEGELBILD! ATME DABEI TIEF EIN UND AUS. TANZE VOR DEM SPIEGEL, SING VOR DICH HIN. SEI FÜR EIN PAAR MOMENTE MAL WIEDER VÖLLIG VERRÜCKT. UND DANN FRAGE ICH DICH: KANNST DU IN DIESEM ZUSTAND UNZUFRIEDEN, DEPRIMIERT, UNGLÜCKLICH ODER GAR SORGENVOLL SEIN?

DAS LEBEN ALS SINUSKURVE

Eine Lebensweisheit meines Vaters ist mir auch viele Jahre nach seinem Tod in wundervoller Erinnerung: Du musst im Leben auch mal durch tiefen Schlamm waten – damit du den festen Boden wieder würdigen kannst. Vieles hat er so angenommen, wie das Leben es verteilt hat. Auf diese Weise konnte er beinahe jede Situation umwidmen. Darüber gesprochen hat er selten, doch er hat es gelebt.

Der Mensch schwingt durch das Leben wie eine Sinuskurve. Von der sogenannten Null-Linie geht es mal nach oben, dann wieder nach unten. Kein Mensch kann das vermeiden. Was du aber ändern kannst, ist die Null-Linie, also der Punkt, um den herum es auf und ab geht. Die Verschiebung dieser Null-Linie nennt man Lernen, Erkenntnis und Veränderung. Erfolgreich ist nicht, wer keine Tiefen erlebt, sondern wer wieder aus dem Tal heraus findet und an dieser Erfahrung wächst. Erfolg ist, wenn eins aus dem anderen erfolgt. Alles im Leben ist ein Geschenk. An manchen Tagen fühle ich mich kraftlos, beinahe ohnmächtig. Und an anderen könnte ich Bäume ausreißen und die ganze Welt umarmen. Diese Extreme nennt man Leben. Es gibt stets zwei Pole, zwischen denen unser Dasein schwingt: Tag und Nacht, Ein- und Ausatmen, Ebbe und Flut, Tun und Nichts-Tun, Entspannen und Anspannen, Wachsein und Ruhen, Sprechen und Schweigen, Männlich und Weiblich, Ying und Yang. Mal bist du oben, mal bist du unten. Es geht auf und ab, wie in einer Achterbahn.

Indem du dich dem Gedanken öffnest, dass jede Erfahrung ihren Wert hat, öffnest du dein Leben für Gelassenheit, Vergebung und Vertrauen. Nimm an, was war. Akzeptiere, was dich gerade herausfordert. Die Schmerzen und das Gefühl, dass sich unter dir der Boden öffnet, können ein ungeahntes Kreativ-Potenzial freisetzen. Meist entstehen Wachstum, Veränderung und Erkenntnis aus Momenten der Unzufriedenheit. Allein deine Einstellung entscheidet, ob du leidest oder wächst. **Alles hat nur die Bedeutung, die du ihm gibst.**

AUF MEIN UNGLÜCK TRETEN

Während ich diese Zeilen schreibe, bin ich auf dem Weg zu einer Klausur mit den Mitarbeitern einer Kulturredaktion. Ich kenne diese Gruppe schon eine Weile. Selten habe ich größere Kulturpessimisten kennengelernt. Für sie war früher alles besser und sie wollen alte Strukturen um jeden Preis bewahren und zementieren. Ihre Angst vor der Zukunft ist immens. Sie fürchten sich vor dem Neuen und halten das Internet für ihren größten Feind.

Wird die Welt irgendwann untergehen? Vermutlich nicht. Sie wird sich verändern. Eines Tages werden wir den Krebs besiegen und die Energie aus dem Inneren der Erde anzapfen. Der Mensch ist unfassbar erfinderisch. Antibiotika, Krebsforschung, erneuerbare Energien, Computer, Flugzeuge, Häuser, Autos, Maschinen, das Rad, Elektrizität, Funkwellen, Radio, Fernsehen, Internet. Die kreative Kompetenz des Menschen ist beachtlich. Die Innovation siegt – seit Anbeginn der Menschheit. Alles wird von uns Menschen erforscht. Neugier ist noch vor Sex und Reichtum unser stärkster Antrieb. Wenn ein Ding begriffen ist, geht es auf zum nächsten. Unsere Sinne verlangen fortwährend nach neuen Eindrücken. Daraus wird Innovation.

Zukunftsangst lähmt. Doch die Entscheidung liegt bei dir, ob du es zulässt. Das Leben ist gut. In der Zukunft wird alles anders sein, doch es hängt von dir ab, wie du dieses Andere wahrnimmst und annimmst.

Glücklich ist, wer glaubt, sein Schicksal selbst in die Hand nehmen zu können. Friedrich Hölderlin schrieb: »*Wenn ich auf mein Unglück trete, stehe ich höher!*«

Wenn es uns gelingt, die Welt aus einem anderen Blickwinkel zu betrachten, an etwas Positives zu denken, sorgt es für eine Umkehr unserer Gefühle. Zumindest für eine Weile. Ich hab das getan – immer wieder. Welche Folgen das hatte, das erzähle ich dir im folgenden Kapitel.

DER SCHRITT ZUR SEITE

Ich habe schon früh gewusst, was ich beruflich machen wollte: »Was mit Medien«. Sehr bald war ich beim Radio. Nebenher habe ich als Sprecher für Werbespots gearbeitet. Doch plötzlich bekam ich aus heiterem Himmel massive Stimmprobleme. Ich konnte von einem Tag auf den anderen nicht mehr vor einem Mikrofon sprechen. Wochenlang hatte ich Schlafstörungen und Schweißausbrüche und ich fühlte mich zunehmend körperlich und seelisch am Ende. Gleichzeitig war ich davon überzeugt: Wer in unserer Gesellschaft scheitert, gilt als Verlierer. Ich überlegte sogar, deswegen ins Ausland zu gehen. Doch die Arbeit im Medienbereich lag mir einfach am Herzen.

Mein Stimmproblem war kein organisches, wie sich nach einigen ärztlichen Untersuchungen zeigte. Im Alltag war meine Stimme ja auch in Ordnung. Nein, etwas in mir wollte einfach nicht mehr in ein Mikrofon sprechen. Meine Seele stellte mir gewissermaßen ein Bein und »missbrauchte« dafür meine Stimmbänder. Vermutlich brauchte ich genau diese wichtige Lernerfahrung des Scheiterns, der Verzweiflung, der Demut und des Durchhaltens, um zu persönlicher Einkehr zu gelangen und mich selbst neu zu erfinden.

Und so habe ich einen Schritt zur Seite gemacht und für eine Weile den Rückwärtsgang eingelegt. Anstelle des dauerhaften und weitgehend selbst gemachten Leistungsdrucks erlaubte ich mir wieder die Leichtigkeit des Anfängers, der Fehler machen durfte. Das gab mir die Freiheit, eine der schöpferischsten Phasen meines Lebens in Angriff zu nehmen. Und so beschloss ich, alle Kompetenzen zu erwerben, die man als Trainer braucht. Ich habe mich fortgebildet und mir einen völlig neuen Bereich in den Medien erschlossen. All das wäre gewiss nicht passiert, wenn meine Stimme mich damals nicht für eine Weile im Stich gelassen hätte.

Kurz nach meinen Stimmproblemen kam der 11. September 2001. Keine persönliche Katastrophe für mich, und doch brannte sich der Tag als unglaubliches Entsetzen in meine Erinnerung ein. Selbst mit Abstand bleibt er für mich ein Trauma. Vor meinen Augen laufen noch jene Bilder ab, die Millionen von Menschen bis heute ängstigen. Doch 9/11 gab den Menschen auch die Chance, zu hinterfragen, was für sie wirklich wichtig ist. Viele sind in den Tagen nach den Anschlägen ihren Liebsten wieder näher gekommen. Viele haben sich darauf besonnen, was wirklich wichtig ist. Wir haben uns in den Armen gehalten und einander unsere weiche Seite gezeigt.

Hinter jeder Katastrophe verbergen sich große Chancen – wenn wir sie erkennen. Ob Kündigung, Krankheit, Scheidung, Unfälle, finanzielle Nöte. Die Schmerzen und das Gefühl, dass sich unter uns ein Abgrund öffnet, können zu einem achtsamen Umgang mit uns und den Mitmenschen führen und damit den Boden für Gelassenheit bereiten.

DAS LEBEN IST SCHÖN

Und dieses Leben ist schön.
Zum Verrücktwerden schön.
Nicht, dass es so wäre.
Doch ich sehe es so.

Bohumil Hrabal, tschechischer Schriftsteller, 1914-1997

ZEIT FÜR EIN NEUANFÄNGCHEN?

Manchmal sehnen wir uns nach einem Neuanfang – und finden gleichzeitig Hunderte von Gründen, eine Veränderung abzulehnen. Ja, klar – ich will schon entspannter sein, aber ändern möchte ich besser nichts. Natürlich will ich einen neuen Job, aber bitte nicht so anstrengend. Klar, das wäre eine Riesenchance, doch ich könnte mich blamieren ... Wir suchen dann nach einer Vollkaskoversicherung, die es natürlich nicht geben kann.

Vielleicht gefällt dir ja die folgende Idee: Probier es doch mal mit einem halben Neuanfang. Sozusagen ein Neuanfängchen. Alles wird neu, aber nur ein bisschen. Geht nicht? Von wegen!

Inspiriert vom Dokumentarfilmer Morgan Spurlock, hat es Google-Mitarbeiter Matt Cutts ausprobiert. Seine Idee: Wenn dir echte Veränderung zu radikal ist, versuch es mit einer überschaubaren Zeit von 30 Tagen. Sein Motto war: Mach in der Zeit einfach alles, worauf du immer schon Lust hattest. Matt Cutts hat in diesen 30 Tagen all die Dinge verwirklicht, die er lange Zeit nur in seinem Herzen bewegt hat. Und weil er sein Projekt zeitlich befristet anging, konnte er sich ganz entspannt hineinfallen lassen. In einem Blog zu seinem Experiment schrieb er:

»Am Anfang habe ich mir das gar nicht zugetraut. Doch dann habe ich mit etwas Kleinem angefangen. Ich bin mit dem Fahrrad zur Arbeit gefahren. Es hat mich morgens schon viel näher zu mir selbst gebracht. Meine Ziele wurden dann immer größer. Irgendwann habe ich dann sogar einen Roman geschrieben. O.k., der war natürlich nicht gut – was kann man in 30 Tagen schon schaffen?! Doch zumindest kann ich mich nun Autor nennen und ich habe die Ruhe und den Frieden beim Schreiben kennengelernt. Ich habe von Tag zu Tag mehr Sachen gemacht, die ich bis dahin nie angegangen bin. Und jeden Tag habe ich mehr Selbstbewusstsein und Gelassenheit entwickelt. Bis dahin war ich nur die Person, die dieses und jenes gut konnte. Danach war ich für mich und meine Freunde mehr. Ich konnte mir und der Welt zeigen, dass neben den bekannten Schichten noch viel mehr in mir schlummert. Das hat mich wie zu meiner inneren Mitte geführt.«

Matt Cutts hat während dieser Zeit übrigens komplett auf News und Social Media verzichtet.

Zeichne doch auf der nächsten Seite einfach mal ein, was du in deinen 30 Tagen Neuanfängchen so alles an verrückten Dingen anstellen und unbedingt erleben würdest. Und falls in deinem Kopf gleich wieder ein »ja, eigentlich schon – aber ...« aufkommt, dann schreib es gleich daneben und streiche es mit einer anderen Farbe fett durch. Leg einfach los und zeichne. Je knalliger, desto besser.

HESSE FOREVER

Es muss das Herz bei jedem Lebensrufe
Bereit zum Abschied sein und Neubeginne,
Um sich in Tapferkeit und ohne Trauern
In andre, neue Bindungen zu geben.
Und jedem Anfang wohnt ein Zauber inne,
Der uns beschützt und der uns hilft, zu leben.
Wir sollen heiter Raum um Raum durchschreiten,
An keinem wie an einer Heimat hängen,
Der Weltgeist will nicht fesseln uns und engen,
Er will uns Stuf' um Stufe heben, weiten.
Kaum sind wir heimisch einem Lebenskreise
Und traulich eingewohnt, so droht Erschlaffen,
Nur wer bereit zu Aufbruch ist und Reise,
Mag lähmender Gewöhnung sich entraffen.
Es wird vielleicht auch noch die Todesstunde
Uns neuen Räumen jung entgegen senden,
Des Lebens Ruf an uns wird niemals enden...
Wohlan denn, Herz, nimm Abschied und gesunde!

Hermann Hesse

WIE PERSÖNLICHKEITSENTWICKLUNG FUNKTIONIERT

Echtes Lernen findet nur außerhalb unserer Komfortzone statt. Die Komfortzone ist der Ort, an dem wir uns so herrlich sicher fühlen und an dem wir alles »richtig« machen. Unsere Wünsche, Ziele, Chancen und Sehnsüchte liegen jedoch meist außerhalb dieser Komfortzone, auf der anderen Seite der Straße. Erst Widerstand und Fehlversuche machen Wachstum überhaupt möglich. Damit es uns so richtig gut geht, muss es uns ab und zu auch mal schlecht gehen dürfen.

Alle Veränderungsprozesse folgen mehr oder weniger einem Verlauf, der 1947 erstmalig von Kurt Tsadek Lewin, einem der einflussreichsten Pioniere der Psychologie, beschrieben worden ist. Diese Phasen der inneren Veränderung laufen ab, wenn wir uns Neuem zuwenden (müssen):

Phase 1: Vorahnung und Sorge: Irgendwas stimmt hier nicht?!
Ich komme immer wieder an persönliche Grenzen, drehe mich im Kreis. Möglicherweise bin ich verunsichert. Ich habe eine erste Vorahnung: Eigentlich sollte ich was ändern.

Phase 2: Schock – Schreck: Ich bin verwirrt ...
Ich denke: Das kann nicht wahr sein. Was eigentlich bedeutet: Das soll nicht wahr sein. Ist es aber leider. Ich bin verunsichert, verwirrt oder erlebe eine gewisse Schreckstarre.

Phase 3: Verneinung – Verdrängung – Abwehr: Die Welt ist gemein zu mir ...

Dem Schock folgt die Verdrängung. Oft gebe ich anderen die Schuld. Warum soll ausgerechnet ich mich ändern? Nein – das sollen besser mal die anderen tun. Ach was, die ganze Welt soll sich ändern. Je mehr Unsicherheit eine Veränderung mit sich zu bringen droht, umso stärker ist die Abwehr. Ich will die Situation irgendwie in den Griff bekommen und damit meine emotionale Stabilität wiederherstellen. Nicht selten versuche ich Hektik und Stress in dieser Phase künstlich zu erhalten, damit ich mich mit den wesentlichen Gedanken einer notwendigen Veränderung nicht beschäftigen muss.

Phase 4: Rationale Näherung / Frustration: Ja, aber ...

Ich sehe die Notwendigkeit der Veränderung zwar faktisch ein, aber finde noch keine Lösung, die mich wirklich weiterbringt (»Früher war alles besser!«) Der Druck wird immer größer. Ich will, dass er aufhört, doch zaghafte Veränderungen an unbedeutenden Stellen bringen nicht den gewünschten Erfolg. Mir kommen Gedanken wie: »Veränderung ist wichtig, aber...« oder »Ich will ja schon ganz gerne was Neues machen, allerdings ...«.

In dieser Phase bin ich noch nicht bereit, mich wirklich zu verändern. Ich orientiere mich nach wie vor an der Vergangenheit und will meine alten Rituale und Muster nicht loslassen. Anders gesagt: Ich versuche, mit alten Mustern eine neue Wirklichkeit zu formen. Das gelingt nur bedingt.

Phase 5: Emotionale Akzeptanz: Ob ich das Alte wohl loslassen kann …?

Diese Phase ist die schmerzlichste, gleichzeitig aber die wichtigste. Weil ich nun spüre, dass ich das Alte loslassen sollte, um frei zu sein für das Neue. Man nennt diese Phase auch das »Tal der Tränen«. Sie ist im Veränderungsprozess eine Art Reinigungsstufe oder Katharsis. Das Hirn säubert sich von alten Vorstellungen und Haltungen. Viele Menschen versuchen, genau diese Phase zu vermeiden, um Unsicherheit aus dem Weg zu gehen. Ohne diese fünfte Phase gibt es jedoch keine Veränderung. In Phase 5 löse ich ich mich über Schwellenemotionen wie Angst, Groll, Frust oder Trauer vom Vergangenen und wende mich dem Neuen zu. Drücke ich mich vor diesem notwendigen Schmerz, dauert die Veränderung unnötig lange.

Phase 6: Öffnung, Neugier, Ausprobieren: Da geht's lang …

Hurra! Die Neugier erwacht. Ich klammere mich nicht mehr an Vergangenes und werde im Kopf frei für neue Lösungsansätze. Ich lerne wie ein Kleinkind bei den ersten Schritten: Ich stolpere noch etwas unsicher voran, doch dann geht es immer besser. Ich beginne, Neues auszuprobieren. Dabei mache ich natürlich Fehler. Daraus lerne ich. Denn genau diese Fehler helfen mir, eine geeignete Strategie für mein weiteres Leben zu entwickeln.

Phase 7: Integration, Selbstvertrauen: Ja, so geht es!

Ich empfinde Enthusiasmus und erlebe eine Phase des absoluten Hochgefühls. Der Weg ist frei für das Neue. Diese Phase kann durchaus euphorisch ausfallen. Das Tal ist durchschritten, ich habe etwas gelernt. Ich übernehme neue Verhaltensweisen in mein Handlungsrepertoire. Ich empfinde Zufriedenheit, da ich den entscheidenden »ersten Schritt« gemacht habe. Meine Wahrnehmungs-, Denk- und Handlungsweisen werden bewusster und gelassener. Ich spüre ein gesteigertes Selbstvertrauen und habe nun einen Bauplan für die Veränderung. Den kann ich jederzeit wieder rausholen und nutzen. Und ich stelle mich darauf ein, dass es in der Folgezeit Rückschläge geben wird. Die kommen – und sie sind wichtig.

LASS LOS UND VERTRAUE !

Lieber Patrick!

Hast du einen Tipp für mich? Manchmal stehe ich mir ganz gehörig im Weg. Ich habe nämlich einen großen Wunsch, einen Traum, und ich verbiete es mir, diesem Wunsch nachzugehen, meinen Traum zu leben! Mein Kopf sagt mir, ich hätte das nicht verdient! Ich mache es mir unendlich schwer, einfach mein Inneres zu akzeptieren und endlich zu tun, was ich so lang schon wollte. Es fühlt sich doch seit Ewigkeiten so an, als wäre es meine Bestimmung! Und ich kriege es nicht hin. Ich steh mir im Weg. Wie schaffe ich es, mit einem Lächeln zur Seite zu treten, mich vorbei zu lassen und mit Wohlwollen und Liebe zuzuschauen, mit welcher Freude ich meinen größten Wunsch verwirkliche? Ich wäre doch glücklicher! Oder?

Viele Grüße, Sabrina

Liebe Sabrina!

Vor einem Neubeginn gehen wir oft durch eine Zeit des Chaos. Es ist dann so, als habe jemand einen Teil der Brücke über den Fluss weggesprengt. In der Mitte des Wassers treffen wir auf Chaos und Schwebe. In diesen Momenten geraten wir leicht in Panik. Der Verstand kann nicht erkennen, wohin uns der Energiefluss des Lebens führen will, und misstraut allem Neuen, wo er sich nicht auskennt. Sich ganz fallen zu lassen erfordert Mut und einen liebevollen Umgang mit sich selbst. Vertrauen ist ein zentrales Element jeder Reise, weil das Neue erst in unser Leben treten kann, wenn das Alte von uns abgefallen ist.

Ich rate dir: Halte die Dinge nicht fest, lass sie los. Vertraue. Lass deinen Kopf nicht um die Vergangenheit oder die Zukunft kreisen. Sei einfach bei den schönen Dingen von HEUTE, genieße sie, sei dankbar dafür. Klebe nicht am Vergangenen – und auch nicht am Zukünftigen. Vertraue. Löse dich davon, wenn sich etwas über längere Zeit nicht harmonisch anfühlt oder mit Freude verbunden ist. Vertraue. Denn wer krampfhaft an Dingen von gestern oder morgen festhält, hat die Hände nicht frei, um sein Leben im HEUTE zu genießen. Das Wesentliche ist JETZT. Wenn wir jede einzelne Begegnung als die eigentliche Aufgabe begreifen, hechten wir nicht mehr mit hängender Zunge künftigen Dingen hinterher. Dann ist das JETZT die eigentliche Aufgabe, die deinem Herzen Erfüllung gibt.

Dieser Gedanke macht, so finde ich, sehr friedvoll. Der Kopf hängt dann nicht mehr dauerhaft in der Zukunft oder der Vergangenheit. Wenn Vertrauen in das Jetzt das eigentliche Ziel ist, werden Zeit und Raum plötzlich relativ. Dafür braucht es nicht mal eine Religion oder ein größeres Verständnis der Welt. Der Friede stellt sich dann sozusagen von selbst ein. Dann sind es plötzlich die Begegnungen mit Menschen, die das Leben wertvoll und lebenswert machen.

IN DIE ANTWORTEN HINEINLEBEN

Lass die Dinge einfach sein. Genieße deinen Weg, Schritt für Schritt. Versuche nicht, möglichst schnell am Ziel zu sein. Jedes sogenannte Ziel ist auch nur der Anfang eines neuen Weges. Der große Lyriker Rainer Maria Rilke hat es in seinen »Briefen an einen jungen Dichter« unnachahmlich schön in Worte gefasst:

Man muss den Dingen die eigene stille ungestörte Entwicklung lassen, die tief von innen kommt und durch nichts gedrängt und beschleunigt werden kann.

Alles ist auszutragen und dann zu gebären.

Reifen wie der Baum, der seine Säfte nicht drängt und getrost in den Stürmen des Frühlings steht ohne Angst, dass dahinter kein Sommer kommen könnte. Er kommt doch. Aber er kommt zu den Geduldigen, die da sind als ob die Ewigkeit vor ihnen läge, so sorglos, still und weit.

Man muss Geduld haben gegen das Ungelöste im Herzen und versuchen, die Fragen selbst lieb zu haben wie verschlossene Stuben und Bücher, die in einer anderen Sprache geschrieben sind.

Es handelt sich darum, alles zu leben. Wenn man die Frage lebt, lebt man vielleicht allmählich, ohne es zu merken, eines fremden Tages in die Antwort hinein.

II

Gelassen mit Stress umgehen

Wenn wir nicht gleich den Kopf verlieren, sind wir Menschen zu absoluten Spitzenleistungen fähig. Handlungsfähig zu bleiben hilft, beinahe jede Krise zu bewältigen. Wie du gelassener mit den Stolpersteinen des Alltags umgehst, das verrate ich dir in den folgenden Impulsen.

- COOL BLEIBEN
- HIER UND JETZT
- ICH SCHENK MIR EINE INSEL
- WENIGER IST MEHR I – V
- SCHENK DIR EINE LANGE-WEILE
- PROBIER'S MAL MIT GEMÜTLICHKEIT
- SCHAFF DIR RAUM ZUM ATMEN
- GÄHNEN FÜR MEHR GELASSENHEIT
- STRESS KÖRPERLICH ABSCHÜTTELN
- VOM SINN DER SINNLICHKEIT
- DAS WESEN DES WASSERS

COOL BLEIBEN

Sprachaufnahme in einem noblen Düsseldorfer Tonstudio. Im Regieraum sitzen die Geschäftsführer des Werbekunden und drei überaus wichtige Menschen der Werbeagentur. Ich stehe vor dem Mikrofon, gemeinsam mit einer Sprecherkollegin. Wir sollen die Kampagne stimmlich zum Klingen bringen. So weit, so gut.

Nach der dreißigsten Aufnahme des Spots werde ich langsam nervös. Mal passt dem Kunden dieses nicht, dann den Werbeagentur-Fritzen jenes nicht. Wir Sprecher scheinen uns von Minute zu Minute mehr als absolute Fehlbesetzung herauszustellen. Selbstzweifel und eine ungewohnte Nervosität kriechen in uns hoch. Unsere Souveränität schwindet dahin – und die Folgeversionen des Spots werden dadurch nicht unbedingt besser.

Nach der gefühlt vierzigsten Version sind meine Zweifel größer denn je. Kann ich das überhaupt? Soll ich weitermachen oder besser gleich hinschmeißen? Ich bin kurz davor, mich mit einem Honorarverzicht aus der unangenehmen Situation zu befreien, als der Tontechniker uns über die Gegensprechanlage zuflüstert: »Hey, lasst sie diskutieren. Ihr seid gut. Coooool bleiben!« Seine Stimme ist dabei so eindringlich, dass ich sie seitdem nie wieder vergessen habe.

Wie die Geschichte weitergeht? Du wirst es kaum glauben! Nach einer elend langen Diskussion zwischen der Werbeagentur und dem Kunden wurde die dritte (!) Aufnahme ausgewählt. Sie haben uns über drei Stunden mit über 50 Einzelversionen gequält – um dann doch die dritte Sprachaufnahme zu nehmen! Es lag – wie sich später herausstellte – nicht an unserer Leistung, sondern an einer Meinungsverschiedenheit zwischen der Agentur und dem Auftraggeber.

Im Zweifel – cool bleiben. Das ist seither mein Lebensmotto geworden. Denn oft kann ich die Rahmenbedingungen gar nicht ausreichend einschätzen und eine übereilte Reaktion könnte genau das Falsche bewirken.

In der Luftfahrt weiß man das schon länger. Einer meiner besten Kumpels ist Pilot bei einer großen deutschen Airline. Cool bleiben ist das A und O für Flieger, sagt Cyrus. Und so sitzen die Piloten in der Ausbildung stundenlang in ihrem Simulator und üben, seelenruhig die richtige Entscheidung treffen. Statt wild und panisch auf einen Impuls zu reagieren und das Höhenruder hochzureißen, trainieren sie, zunächst einmal NICHTS zu machen und die Situation zu analysieren. Nur so sind sie nach einer Reihe von simulierten Zwischenfällen in der Lage, reale Krisen aus dem Stegreif gelassen zu bewältigen.

Als Kinder kennen wir noch keine Zukunft und der Begriff der Vergangenheit ist uns ebenso fremd. Wir leben einfach im Hier und Jetzt. Kinder vergessen die Zeit, leben den Moment, genießen den Augenblick. Zum Leidwesen vieler Eltern. Die sprechen dann Worte wie: »Jetzt mach endlich hin.« Oder: »Vergiss nicht dies und das.«

Durch vieles, was Eltern sagen und tun, wird den Kindern die kostbare Fähigkeit, im Jetzt zu sein, allmählich abtrainiert. Und die Gedankenwelt der Erwachsenenwelt eingetrichtert. Im Erwachsenendasein angekommen meinen wir dann häufig, keine Zeit zu haben. Schon diese Formulierung sagt eine Menge über uns aus: »Keine Zeit haben«. Wir glauben, dass unser Leben gleichzeitig in der Vergangenheit, im Jetzt und in der Zukunft stattfindet. Dabei möchten wir im Grunde so entspannt im Jetzt wie die Kinder sein – denn rein biologisch betrachtet leben wir nur im Jetzt. Vergangenheit und Zukunft sind nichts anderes als unsere eigenen Gedankenkonstruktionen.

Nach vielen Jahren des Springens zwischen den Zeitebenen bemerken wir dann nicht einmal mehr, welche Gedankenkaskaden in uns ablaufen. Wir beschäftigen uns ganz selbstverständlich damit, dass wir heute noch einkaufen gehen müssen, morgen ein Meeting ansteht, der Handwerker uns eine überhöhte Rechnung geschickt hat, unser Handyvertrag gekündigt werden muss, und wie der Kollegin wohl das neue Kleid gefallen wird.

Menschen, die grüblerisch veranlagt sind, vergleichen ihr Leben häufig mit der Vergangenheit. Dort haben die Sorgen ihren Anker. Sie sagen sich: »Das war immer schon so, das hat noch nie geklappt, da hatte ich eine große Krise, wenn er/sie mich nicht verlassen hätte.«

Andere Menschen denken schon beim Aufstehen an die Zukunft, was meistens zu Stress führt, weil wir durch diese »Zukunftsdenke« immer zu spät kommen.

Unser Kopf ist dann bei dem was kommt, unser Körper aber im Jetzt. Wir sind gewissermaßen zu langsam.

Und viele von uns springen im Abstand von Sekunden zwischen den Zeitebenen hin und her, jonglieren permanent mit unterschiedlichen Gedanken und rennen von einer Baustelle zur anderen. Dann erleben wir unser Leben sowohl als Sorge der Vergangenheit als auch als Unsicherheit der Zukunft. Lebe heute. Lebe jetzt. Lebe hier. Nicht gestern, nicht vorgestern – und auch nicht in der Zukunft, erst recht nicht übermorgen. JETZT ist deine beste Zeit.

RUHE UND EINKEHR BEDEUTEN:
DEINE GEDANKEN SIND IN DIESEM MOMENT NICHT IN DER VERGANGENHEIT,
DEINE GEDANKEN KREISEN NICHT UM DIE ZUKUNFT,
DU SORGST DICH NICHT, WAS IRGENDWANN SCHLIMMES PASSIEREN KÖNNTE,
DU BEWERTEST DEINE GEDANKEN IN DIESEM MOMENT NICHT,
DU SPÜRST, WAS SICH JETZT IN DEINEM KÖRPER EREIGNET,
DU BLENDEST DEINE UMGEBUNG VÖLLIG AUS UND BIST NUR BEI DIR.

ICH SCHENK MIR EINE INSEL

Wenn ich das Gefühl habe, nicht mehr am Steuer meines eigenen Lebens zu sitzen, wenn sich die Welt in meinem Inneren mit der im Außen reibt, dann nennt man das Stress. Wir kämpfen und rackern uns ab, um wieder die Oberhand zu gewinnen, und meinen, wenn wir nur alles wieder im Griff hätten, wären wir bestimmt gelassen und entspannt.

Doch Gelassenheit ist nicht an Bedingungen geknüpft. Sie ist in uns und zeigt sich, wenn wir akzeptieren, was wir im Moment haben. So, wie es im Außen geschieht. Wenn wir erkennen, dass in jedem Augenblick alles perfekt ist, so wie es ist – auch wenn es unvollkommen zu sein scheint.

Du kannst in jedem Augenblick gelassener werden, indem du nach innen gehst statt nach außen. Bau dir sozusagen deine eigene innere Insel. Entdecke den Zauber der Nichtbewegung, während es im Außen turbulent zugeht. Damit meine ich: Werde körperlich, emotional und gedanklich still.

Ich versetze mich in Stress-Situationen tatsächlich mental auf eine eigene Insel, mit Sonne, Strand und Stille. Ich spüre förmlich, wie der Wind vom offenen Meer durch meine Haare weht. In diesen Momenten der Abgrenzung, Einkehr und Nichtbewegung ruhe ich in mir selbst.

Schließe doch einfach mal kurz die Augen. Am besten jetzt gleich. Such dir in Gedanken einen absolut ruhigen Platz. Deinen Platz. Oder noch besser: Den schönsten Platz, der dir bisher begegnet ist. Vielleicht war das ein Ort im Urlaub oder die Bank auf dem Spielplatz deiner Kindheit. Nimm dir Zeit und erinnere dich an diesen einen Ort, an dem du glücklich warst. Sieh genauer hin. Wann war das? Wo war das? Wie sah es dort aus? Wie bist du dort hingekommen? Mit wem hast du diese Momente erlebt? Wie hat es dort gerochen? Welche Farben hatte die Umgebung? An welche Details kannst du dich erinnern?

Falls du in Gedanken keinen solchen Platz findest, hilft dir vielleicht deine alte Erinnerungskiste, die mit den Fotos und Erinnerungen an deine Jugend, den unvergesslichen Urlaub mit der ersten Freundin, die verrückten Wochenenden mit deinen besten Freundinnen oder Freunden? Geh zurück in eine Zeit, in der du dich geborgen und glücklich gefühlt hast.

Lass deinen Körper zur Ruhe kommen, während die Bilder und Gefühle in dir aufkommen. Dein Atem fließt ganz natürlich. Sag dir selbst: »Es gibt jetzt nichts zu tun, ich darf einfach nur JETZT sein. ICH BIN.« Und genieße diesen Moment mit dir, ohne Denken und Grübeln, Machen, Rödeln und Schaffen.

Wenige Minuten der Stille können viele Stunden voller Hektik ausgleichen. In den folgenden fünf Kapiteln kümmern wir uns genau darum. Wir schauen auf eine neue Haltung, die sich immer mehr Menschen zu eigen machen: Weniger ist mehr. Oder, wie die Briten sagen: »Small is the new big.«

WENIGER IST MEHR I

Im Zeitalter des Internets wird die Anzahl der Nachrichten und Informationen stetig größer. Ein Meer von Halb- und Vollwahrheiten prasselt auf uns nieder. Wir lesen Dinge wie: Im Dschungelcamp ist die Cholera ausgebrochen. Fischer nach 12 Monaten auf See gerettet. Dieter Bohlen hat Hepatitis. (Letzteres stimmt natürlich nicht ... ;-))

News sind neurologisch betrachtet sehr wirkungsvoll, denn alles Neue finden wir Menschen erst einmal ziemlich spannend. Es könnte uns ja einen wie auch immer gearteten Vorteil verschaffen. Zudem sind Nachrichten für gewöhnlich recht emotional gestaltet. Das alles macht sie zu einer Art Fliegenfänger für unser Hirn. Newsproduzenten nutzen das. Starke Headlines, bunte Bilder, inszenierte Konflikte, These/Antithese. Wir sehen und hören »Nachrichten« über Menschen, die allein aufgrund ihrer Berühmtheit berühmt sind. Nachrichten lenken unsere Aufmerksamkeit auf Dinge, die nicht in unserer Macht stehen, und damit weg von den Dingen, die wir tatsächlich beeinflussen und anpacken können. Darüber hinaus sind die Fakten und Prognosen, die im Nachrichtengeschäft für unsere Gesellschaft, die Wirtschaft und die Zukunft aufgezeigt werden, für gewöhnlich maßlos überzogen. Und deswegen ist seit einigen Jahren mein Credo: Weniger ist mehr.

Ich habe meine Zeitungsabonnements gekündigt, die Abendnachrichten schaue ich nur noch selten, die meisten News-Apps habe ich von meinem Smartphone gelöscht. Übrigens mit der spannenden Erkenntnis, dass ich nichts verpasse.

WENIGER IST MEHR II

Früher hat meine gute Freundin Eva lausige Nudeln mit Ketchup gekocht, und wir hatten einen tollen Abend. Vielleicht WEIL die Nudeln so lausig waren und ihr Ketchup vertrocknet. Nun quält sie uns mit hochkomplexen Menüfolgen. Und glaub mir: Das kann ganz schön stressig sein – auch für die Gäste.

Auch bei der Partnersuche leidet Eva unter der Qual der Wahl. Was für ein Wunder, bei 1 Million potenzieller »Mister Rights« bei friendlove34.org und love-power-heart.com. Ein ähnliches Problem hat sie beim Kauf ihres neuen Garderobenständers. Die Preisvergleichsportale im Netz stellen sie vor eine

beinahe unlösbare Aufgabe. Denn irgendwo findet sie immer noch ein günstigeres Angebot. Je mehr Möglichkeiten Eva hat, desto unsicherer und unzufriedener ist sie mit dem Ergebnis.

Unser großartiges Zeitalter der unbeschränkten Möglichkeiten kann ganz schön anstrengend sein. Entspannender wird es, wenn wir uns auch mit einem guten Resultat zufriedengeben können. Vielleicht »muss« es nicht stets das Allerbeste sein. Gut ist manchmal gut genug.

Froh zu sein bedarf es wenig

WENIGER IST MEHR III

Wir alle kennen Situationen, in denen man sich irgendetwas kauft. Obwohl man in dieser Sekunde schon weiß, dass man es nicht wirklich braucht. Meist passiert das in Momenten, in denen wir unglücklich sind, zum Beispiel nach einem harten Tag im Job oder nach einem Abschied am Flughafen. Doch das »Glücksgefühl« hält meist nicht länger als ein paar Minuten an.

Je weniger das Glück in unserem Herzen wohnt, desto öfter kaufen wir überflüssige Dinge, um damit Frust-Erlebnisse des Alltags zu verdrängen. Dem Hirn ist es nämlich ziemlich egal, woran es sich erfreut.

Du könntest dein Kauf- und Konsumverhalten künftig mal durch diese Brille betrachten. Und wenn du dann bemerkst, dass du einen Frust- oder Kompensationskauf tätigen möchtest, kannst du dich fragen, was dazu geführt hat.

Denn reich ist nicht, wer viel hat, sondern reich ist, wer wenig braucht. Oft ist Konsum nur eine Kompensation, sozusagen ein Schmerzmittel fürs Hirn. Glückliche Menschen brauchen wenig, weil sie bereits glücklich sind.

Alle Jahre wieder habe ich Geburtstag, meist am 22. November. Ganz nett eigentlich, so ein Geburtstag. Wenn da nicht diese lästige Vorbereitung wäre. Denn in meinem Bekanntenkreis ist es seit jeher üblich, zu seinem Geburtstag eine rauschende Party zu schmeißen. Und da man bei den anderen eingeladen war, fühlt man sich verpflichtet, auch selbst alle einzuladen. Und so ging jahrelang Anfang November ein Raunen und Stöhnen durch Deutschland. «Mist! Ein Freitag.» Die Flüge sind teuer, die Züge überfüllt und bekanntlich ist die Bahn selten pünktlich. Doch man ist nun mal höflich und man will das Geburtstagskind ja nicht enttäuschen. Fast alle Eingeladenen machten sich daher auf den Weg, teils über Hunderte Kilometer – in der Gewissheit, vor allem auf »fremde« Menschen zu treffen, mit denen man meistens nur Höflichkeitsfloskeln austauscht. So weit, so schlecht.

Das habe ich seit ein paar Jahren messerscharf erkannt. Seitdem begehe ich meinen Geburtstag im ganz kleinen Rahmen, mit meiner Frau und den Kindern – was in Zeiten von Facebook, Whatsapp & Co. eine zunehmend akzeptierte Form zu sein scheint. Jeweils Anfang November schreibe ich meinen Weggefährten eine kurze Mail, wir schenken uns gegenseitig ein paar freundliche Gedanken. Zugleich verweise ich auf den nächsten runden Geburtstag, an dem ich es so richtig krachen lassen werde. Meine potenziellen Geburtstagsgäste denken in diesen Sekunden vermutlich an den entgangenen Stress, vielleicht sogar an die Reisekosten und im besten Fall auch kurz an mich. Ich kann mir gut vorstellen, dass sie dabei ein Gefühl der Ruhe und Dankbarkeit überkommt.

Ein persönliches Ritual zu hinterfragen, gesellschaftliche Konventionen zu durchbrechen, etwas NICHT zu tun, was als üblich gilt – das ist für viele Menschen beinahe unmöglich. Wir handeln aus der Gewohnheit heraus und der

Furcht, jemanden zu verletzen oder zu verprellen. Wir wollen gemocht werden, anderen einen Gefallen tun. Also ziehen wir Dinge unreflektiert durch, fühlen uns am Ende allerdings erschöpft und irgendwann sogar ausgebrannt. Vergiss nicht: Es gibt da einen Menschen, dem du etwas Gutes tun könntest: DU! Nur wenn du mit dir selbst im Reinen bist, ist auch dein Umfeld glücklich.

WENIGER IST MEHR V

Vor gut zwei Jahren hatte mir meine Kollegin Tanja Tiama vom Liechtensteiner Rundfunk bei einem Mittagessen erzählt, dass sie endlich mal wieder das Gefühl haben möchte, nicht permanent funktionieren zu müssen. Dass sie einfach mal wieder die Einfachheit des Lebens genießen möchte. Kurze Zeit später ist sie dann für ein Jahr nach Burkina Faso in Westafrika gezogen. Gerade eben hat sie Folgendes auf Facebook gepostet:

»Man erlebt hier jeden Tag traurige und schöne Geschichten. Den Leuten fehlt es an allem: Wasser, Nahrung, Medizin, aber nicht an Hoffnung. Am Abend sitzen die Kinder unter den Straßenlampen und lernen, weil sie daheim kein Licht haben. Medizin oder Essen für 1 oder 2 Euro werden schnell mal zum existenziellen Problem.

Doch die Leute hier sind optimistisch, richtige Überlebenskünstler. Sie wollen nichts geschenkt bekommen. Sie wollen einen Kredit, um eine Toilette bauen oder eine Ausbildung machen zu können. Sie haben alle ihre Ideen, wie sie ihren Lebensstandard verbessern könnten, nur fehlt ihnen das nötige Kleingeld. Es ist ein hartes Leben hier, doch ich glaube, unter dem Strich sind sie alle glücklicher als bei uns. Und ich frage mich: Spielen Zeit und Geld wirklich eine Rolle im Leben? Während wir Europäer mit Tempo 180 durch unser hektisches Leben rennen, schafft es der durchschnittliche Afrikaner gerade mal auf 50km/h. Doch ist er deswegen unzufriedener? Schafft er deswegen weniger in seinem Leben? Oder ist vielleicht gerade das von Vorteil, dass die Menschen hier in Afrika nicht ständig irgendetwas hinterherrennen und mit deutlich weniger zufrieden sind? Ich brauche noch ein paar Monate, um das rauszufinden ... «

SCHENK DIR EINE LANGE-WEILE

Im Buch »Momo« von Michael Ende erklärt einer der grauen Herren: »Aber mein Bester! Sie werden doch wissen, wie man Zeit spart. Sie müssen einfach nur schneller arbeiten und alles Überflüssige weglassen. Statt einer halben Stunde widmen Sie einem Kunden nur noch eine Viertelstunde. Sie vermeiden zeitraubende Unterhaltungen. Sie verkürzen die Stunde bei Ihrer alten Mutter nur noch auf eine halbe ... Schaffen Sie den unnützen Wellensittich ab! Lassen Sie die Viertelstunde Tagesrückschau ausfallen und vor allem, vertun Sie Ihre kostbare Zeit nicht mehr so oft mit Singen, Lesen oder gar mit Ihren sogenannten Freunden ...«

Na, kommt dir das bekannt vor? Mir auf jeden Fall. Lange Zeit hatten die grauen Herren immensen Einfluss auf mich. Ich war absolut davon überzeugt, dass ich nur mit Volldampf und unter persönlichen Entbehrungen beruflichen Erfolg haben kann. 12- bis 16-stündige Arbeitstage waren keine Seltenheit, pro Jahr habe ich den Tacho meines Autos um bis zu 80.000 km nach vorne gespult. Mein Privatleben existierte nicht mehr. Ich habe mir damals schlicht das eigene Leben vorenthalten.

Irgendwann wurde ich krank. Schnupfen, Husten, Fieber, Harnwegsinfekte und Ohrenprobleme. Zuerst konnte ich die Zeichen nicht so recht deuten. Vermutlich wollte ich es nicht sehen. Dabei zeigte mir mein Körper schon länger die Rote Karte. Angstzustände, vereiterte Nebenhöhlen, Magenschmerzen, verspannte Schultern, Hautprobleme. Ich hatte mich schon ziemlich lange nicht mehr selbst bewusst wahrgenommen und gespürt. Ich wollte der Beste von allen sein, statt einfach nur glücklich.

Es ist nun beinahe zehn Jahre her, dass ich – vielleicht gerade noch rechtzeitig – die Kurve bekommen habe. Seit dem gehe ich deutlich achtsamer mit mir um. Eine meiner größten Entdeckungen dabei war, wie gut mir Langeweile tut.

MEIN TIPP: ÖFFNE MAL WIEDER ALL DEINE SINNE, NIMM DICH UND DEIN SEIN IM JETZT UND HIER BEWUSST WAHR. HÖRE, TASTE, RIECHE, SCHAUE, SCHMECKE, TRÄUME UND SCHENK DIR DABEI SELBST EINE »LANGE WEILE«. DENK EINFACH MAL WIEDER NUR AN DICH. NICHT AN DEN JOB, NICHT AN DIE KOHLE, NICHT AN DEN UNBEZAHLTEN KREDIT, NICHT AN DIE KARRIERE, NICHT AN DIE INSPEKTION DEINES AUTOS, NICHT AN DIE KLEINEN ENER-GIEFRESSER DES ALLTAGS. DENK EINFACH NUR AN DICH. ÜBRIGENS: DIESER MOMENT EIGNET SICH GANZ PRIMA DAFÜR ...

PROBIER'S MAL MIT GEMÜTLICHKEIT

Früher durfte ich auf Kosten der Musikindustrie durch die Welt fliegen und in schicken Nobelhotels Rod Stewart, Robbie Williams oder Mick Jagger interviewen. 1990 war es die damals noch recht unbekannte Celine Dion:

An einem sommerlichen Vormittag traf ich sie in ihrem Hotel in London. Jeder Musikjournalist hatte eine genau festgelegte Interviewzeit: Exakt 15 Minuten – und keine Sekunde länger. Vor der Tür zu ihrer riesigen Suite wachten gleich zwei Aufpasser der Plattenfirma über die genaue Einhaltung dieser »slots«.

Nach 12 Minuten wurde ich langsam nervös, denn ich hatte erst ein gutes Drittel meiner vielen Fragen gestellt. Ehrlich, wie ich meist nun mal bin, sagte ich ihr genau das. Sie dachte kurz nach, holte tief Luft und sagte dann mit ihrem zuckersüßen frankokanadischen Akzent:

»Die Hektik der Branche hasse ich. Schau sie dir alle an – diese gehetzten Blicke, ihre hektischen Gesten. Das ist grausam. So möchte ich nicht sein. Was geschieht, wenn wir 15 Minuten länger brauchen? Gar nichts!« Und dann tat sie etwas Großartiges. Sie sang aus dem Stegreif ein Lied aus meiner Kindheit in mein Mikro – das weltberühmte Lied aus dem Film »Dschungelbuch«. Sie sang es natürlich auf Englisch, doch der Einfachheit halber drucken wir hier die deutsche Version ab.

»Probier's mal mit Gemütlichkeit, mit Ruhe und Gemütlichkeit
Jagst du den Alltag und die Sorgen weg.
Und wenn du stets gemütlich bist und etwas appetitlich ist,
dann nimm' es dir, egal von welchem Fleck.«

Als der Vertreter der Plattenfirma nach exakt 15 Minuten unser Gespräch beenden wollte, verwies sie ihn unmissverständlich in seine Schranken. Was er mir beim Abschied mit einem ziemlich finsteren Blick dankte. Ich konnte es verschmerzen. Noch auf dem Heimflug nach Deutschland schwebte ich auf Wolke 7.

MEIN TIPP: SCHAU MAL WIEDER DAS DSCHUNGELBUCH.

SCHAFF DIR RAUM ZUM ATMEN

Vielerorts ist die Veränderung zum reinen Selbstzweck geworden. Wenn alle im Chor nach mehr Tempo, Leistung und Gemeinschaft schreien, darf man hellhörig werden und sich fragen: Warum muss ich immer mehr arbeiten, wenn ich doch schon längst mehr arbeite? Und wie viel ist genug?

Vielleicht bist du mit solchen Fragen nicht allein. Lerne, andere Zweifler zu erkennen. Ihre Codes und Verhaltensweisen sind oft ironische Witze, ketzerische Bemerkungen oder auch ein warmes Lächeln. Wir sind viel mehr, als wir oft meinen! Lass dir von Gleichgesinnten den Rücken stärken und befreie dich aus der Tretmühle.

Wechsle die Perspektive. Wie würde ein neutraler Beobachter wohl deine aktuelle Situation einschätzen? Wie wirst du in einem Jahr über die gleiche Situation denken? Hat sie dann überhaupt noch eine Bedeutung? Wie wichtig ist diese Angelegenheit wirklich? Indem du innerlich auf Abstand gehst, schaffst du dir Raum für freieres Denken. Raum für persönliche Entfaltung, für Selbstverwirklichung, aber auch für persönlichen Rückzug. Wenn du alle Impulse von außen völlig ungefiltert an dich heranlässt, kann jeder einfach so eintreten und dich für sich beanspruchen. Und je mehr Raum du freigibst, desto größer werden die Forderungen in der nächsten beruflichen »Optimierungsrunde«. Warte nicht darauf, dass deine Mitmenschen dir Raum geben. Es wird kaum passieren. Frage dich: Wo möchte ich mich abgrenzen? Bis zu welchem Punkt dürfen meine Kollegen gehen? Auf welchen Feldern möchte ich selbstbestimmter sein? Wie kann ich selbstbewusster agieren? An welcher Stelle ist für mich endgültig Schluss?

Nimm dir möglichst oft diesen Raum, ziehe deine Grenzen und blende das turbulente Drumherum immer mal wieder aus. Je schneller sich der Wahnsinn in der Wirtschaftswelt verbreitet und entfaltet, umso wichtiger wird es, dass wir uns unseren persönlichen Raum erschaffen und bewahren.

So wie Du atmest,
so lebst Du.

GÄHNEN FÜR MEHR GELASSENHEIT

Nach vielen Stunden Arbeitszeit in klimatisierten Räumen fühlen wir uns abends oft verspannt. Wir haben den Eindruck, als hätten wir unseren Körper in Teilen »verlassen« und finden nur schwer zurück.

Folgende Übungen habe ich im Laufe der Jahre schätzen gelernt, um diesen Stresssymptomen entgegenzuwirken. Ich habe sie vor allem in Großraumbüros genutzt, die kein Tageslicht hatten.

Es beginnt mit: Wahrnehmen und erkennen.

Beobachte deine Körperhaltung an deinem Schreibtisch oder Arbeitsplatz. Sind deine Füße in den Schuhen verkrampft? Sind die Schultern permanent hochgezogen? An welchen Stellen fühlt sich dein Körper verspannt oder gar verkrampft an? Wie verändert sich deine Körperspannung über den Tag? In welchen Gesprächen oder Meetings erhöht sich deine Körperspannung?

Dann folgt: Sanft bewegen und entspannen.

1. Zieh die Schuhe aus und streiche deine Fußsohlen auf dem Teppichboden aus. Gaaaanz langsam. Pro Fuß etwa 10-mal. Fahre mit beiden Füßen ein bis zwei Minuten lang mit Druck über den Boden. Deine Fußreflexzonen werden dabei aktiviert. Der ganze Körper entspannt sich. Das ist auch eine wunderbare Therapie gegen in den Schuhen zusammengekrampfte Füße. Logopäden nutzen diesen Trick zur Behandlung von Sprechstörungen, die durch Anspannung und Ängste verursacht werden.

2. Danach tief einatmen und die Luft langsam, bewusst und tief ausatmen! Mach das auch etwa 10-mal.

3. Anschließend Gähn-Übungen machen! Mund weit aufreißen! Mach dabei wahrnehmbare Gähn-Geräusche. Möglichst nur dann, wenn der Chef gerade woanders ist.. ;-)

4. Nun noch den Kopf langsam von ganz links nach ganz rechts drehen! In der Mitte kurz stoppen, weiter. Auch das etwa 10-mal.

5. Zum Abschluss mit weichen Kaubewegungen den Kiefer entspannen.

Diese Übung dauert insgesamt nur etwa 5 Minuten. Doch sie wirkt stundenlang. Mit ein wenig Mut kannst du diese kleine Meditation sogar direkt an deinem Arbeitsplatz vielleicht sogar gemeinsam mit den Kollegen durchführen. Sie eignet sich ganz hervorragend für die Entspannung zwischendurch.

STRESS KÖRPERLICH ABSCHÜTTELN

Wie oft sagen wir – vor allem im Job – »um des lieben Friedens willen« nicht das, was uns eigentlich auf dem Herzen liegt. Doch wenn wir unseren Ärger runterschlucken, setzt sich diese Energie nicht nur gedanklich, sondern auch im ganzen Körper fest. Die auf diese Weise angestaute Energie verschwindet nicht einfach, sie verbleibt in unserem Inneren. So, wie Wellen im Schwimm-bad vom linken zum rechten Beckenrand schwappen – hin und zurück. Und es kann sehr lange dauern, bis sich die angesammelte Energie von alleine wieder abbaut.

Wie wir oft bei Hunden beobachten können, schütteln sich Tiere nach Stress-momenten erst mal kräftig durch. Sie entladen auf diese Weise die aufgestaute Energie und sind dann wieder frei. Was können wir Menschen daraus lernen? Wir können es genauso machen wie die Hunde und beispielsweise tanzen, uns ausschütteln oder eine andere Form der körperlichen Aktivität wählen.

MEIN TIPP: GEH ABENDS MAL WIEDER TANZEN UND LASS DIE AUFGESTAU-TE ENERGIE, ANGST UND FRUSTRATION RAUS. ERLEBE DEINEN KÖRPER ALS EINHEIT. ANGESTAUTE ENERGIEN UND SPANNUNGEN KANNST DU SO RECHT EINFACH AUFLÖSEN. VIELE MENSCHEN SCHWÖREN DAFÜR ÜBRIGENS AUCH AUF YOGA. ODER SIE UMARMEN EINEN NETTEN MENSCHEN. IM NÄCHSTEN KAPITEL ERFÄHRST DU, WARUM DAS TATSÄCHLICH GELASSENHEIT UND IN-NEREN FRIEDEN BRINGT.

VOM SINN DER SINNLICHKEIT

Jede bewusste angenehme sinnliche Erfahrung macht gelassener und wirkt sich positiv auf unser Gemüt und unser Immunsystem aus. Beispielsweise wenn wir einen schönen Moment in der Natur erleben, die Gerüche in unserer Umgebung wahrnehmen, wenn wir Musik genießen oder den Wind in unseren Haaren spüren.

Ganz besonders gut tut uns die Berührung anderer Menschen. Manchmal fällt es vielleicht nicht leicht, die Initiative zu einer herzlichen Umarmung zu ergreifen, weil wir nicht wissen, ob der Impuls von der anderen Seite erwidert wird. Doch wenn es gelingt, diese besondere Nähe zu spüren, entsteht ein herrliches Gefühl von innerer Verbindung und Gemeinschaft. Die Berührung wird dann zum Berührt-werden.

Wissenschaftler haben nachgewiesen, dass längere Umarmungen eine therapeutische Wirkung haben. Wenn wir jemanden aufrichtig umarmen, wird das Glücks- und Liebeshormon Oxytocin ausgeschüttet. Ja, tatsächlich. Wenn wir jemanden länger als 15 Sekunden herzlich in die Arme schließen, wirkt es entspannend. Wir fühlen uns in diesem Moment sicher und unsere Ängste verschwinden. Unsere Immunabwehr wird gestärkt und wir fühlen uns geborgen.

Ohne Berührung vertrocknen wir innerlich. Je seltener ein Mensch berührt wird oder berührt, desto fremder wird er sich selbst und anderen. Ohne körperlichen Kontakt gestaltet sich unser Kontakt ins Leben schwach, unser Umgang mit anderen Menschen wird fade.

Berührungen sind die Würze unseres Daseins. Der Trick ist, das richtige Maß zu finden, denn wir sind in diesen Momenten auch verletzlich und angreifbar. Mitunter spüren wir dabei nämlich nicht nur gute und beruhigende Gefühle, sondern auch uralte Ängste. Doch wenn die Umarmung ein herzliches Erlebnis wird, kann diese körperliche wie seelische Berührung unsere Beziehung zu anderen auf völlig neue Füße stellen. Wir entwickeln eine neue Haltung zu Nähe und Distanz und erleben mit ein wenig Glück einen Moment der Gelassenheit.

DAS WESEN DES WASSERS

Wenn der Leib unaufhörlich
in Bewegung gehalten wird,
wird er müde.
Wenn der Geist unaufhörlich
in Bewegung gehalten wird,
wird er sorgenvoll;
und Sorge verursacht
Erschöpfung.
Das Wesen des Wassers ist,
dass es klar wird,
wenn man es in Ruhe lässt,
und still,
wenn man es nicht stört.

(Dschuang Dsi, chinesischer Philosoph und Dichter)

III

Gelassen mit Konflikten umgehen

Konflikte gehören zum Leben dazu. Jeder kennt sie, doch die allerwenigsten mögen sie. In den folgenden Kapiteln lernst du praktische Tipps und Werkzeuge kennen, die dir helfen, Konflikten gelassener zu begegnen. Denn häufig reichen schon wenige Impulse, um mit angespannten Situationen deutlich einfacher umgehen zu können.

- KONFLIKTEN MIT NEUGIER BEGEGNEN
- STRESS UND ÄRGER SIND CHARISMA-VERNICHTER
- DU MÖCHTEST INTERESSANT SEIN, DANN SEI INTERESSIERT
- «DER/DIE GEHT GAR NICHT...»
- WARUM WIR UNS WIE MAGNETE ANZIEHEN
- WARUM DEIN GRÖSSTER FEIND DEIN WICHTIGSTER LEHRER IST
- MEHR MÜNDER UND OHREN FÜR MEHR GELASSENHEIT
- SCHWARZ ODER WEISS – VOM URTEILEN UND BEWERTEN
- VERGEBUNG – EIN WICHTIGER WEG ZUR GELASSENHEIT
- NIMM ENERGIE NICHT AUF, LEITE SIE UM
- DRUCK ERZEUGT GEGENDRUCK
- DER KOMMUNIKATIVE TEUFELSKREIS
- ZAUBER-TOOL: PARADOXE INTERVENTION
- DIE DREI SIEBE DES SOKRATES
- NIMM DIE MENSCHEN, WIE SIE SIND
- EMOTIONALE RESONANZ-TIPPS FÜR GELASSENERE GESPRÄCHSFÜHRUNG
- MANCHE KONFLIKTE SIND WICHTIG

KONFLIKTEN MIT NEUGIER BEGEGNEN

Sobald es im Leben Zoff gibt, schauen wir genauer hin. Von Shakespeares »Romeo und Julia« (Verbotene Liebe) über Grishams »Die Firma« (Mensch gegen Mensch) bis zu »James Bond« (gut gegen böse) oder »Deutschland sucht …«: Selbst wenn bekannt ist, wie es ausgeht, wirken existenzielle Themen und dramatische Konflikte als Publikumsmagnete.

Selbst in den Nachrichten interessieren uns besonders die zwischenmenschlichen Reibungsflächen. Ob Terror, Parteienstreit oder Sport: wir lieben offenbar die Darstellung von zwischenmenschlichen Auseinandersetzungen.

Unser gesamtes Dasein bewegt sich zwischen Polaritäten, von der Geburt bis zum Sterbebett. Hunger und Sattheit, Wärme und Kälte, Trauer und Freude, Erfolg und Misserfolg, Faulheit und Aktivität, Krieg und Frieden, Liebe und Hass. Dieses Spannungsfeld hält uns lebendig. Ein konfliktfreies Leben ist völlig undenkbar. Die Auseinandersetzung treibt uns an, und wir lernen aus den Fehlern. Konflikte sind unser Treibstoff für Wachstum.

Man kann nur gegen den Wind abheben, nicht mit ihm. Der Preis dafür, dass du eine klare Haltung hast, ist, dass dir andere manchmal in die Quere kommen. Statt dich im Kampf gegen Widersacher zu verhaken, kannst du den Blick weiten und schauen, was dir deine Widersacher geben. Sie …

- … zeigen dir deine Entwicklungspotentiale, Defizite und verdrängten Wünsche auf.
- … sagen dir die Wahrheit. Freunde tun das eher seltener.
- … helfen dir, deutlich zu artikulieren, wofür du stehst.
- … ermöglichen dir, deine Standpunkte zu justieren.
- … prüfen, ob du mutig genug bist, für eine Position einzustehen.
- … fordern dich heraus, die innere Balance zu halten.
- … beweisen dir vielleicht sogar, dass dein Weg stimmt.

Entscheidend ist, wie wir mit Konflikten umgehen und welche Lösungen wir finden. Wenn wir ihnen mit Neugier statt mit Angst begegnen, bleiben wir gelassener.

STRESS UND ÄRGER SIND CHARISMA-VERNICHTER

Es gibt Menschen, die mit Magengeschwüren im Krankenhaus liegen, weil sie für angeblich böse Chefs arbeiten »mussten«. Andere sind am Ende ihrer Kräfte, weil sie in einer destruktiven Beziehung leben. Und wem darf man von außen betrachtet die Schuld an der »Katastrophe« zuweisen?

Zu so einer zerstörerischen Dynamik gehören immer zwei. Die allermeisten Menschen in unserer Gesellschaft hätten die Freiheit, zu gehen, sich der Situation zu entziehen. Doch sie bleiben und setzen sich dem Leiden tage-, wochen- und jahrelang aus. Vielleicht auch, um sich damit gewissermaßen das Recht zu verschaffen, zu jammern und zu klagen. Aber geht es ihnen wirklich gut dabei?

Wenn mal wieder die Luft steht, der Chef ausrastet, ein Kollege dich plötzlich als Konkurrenten sieht oder dein Partner einen heftigen Streit anzettelt, dann kannst du dich auf den Streit einlassen oder ein Stück zurücktreten. Das bedeutet nicht, dass du das Verhalten des anderen in Ordnung findest. Es bedeutet vielmehr, dass du deinen Ärger und deine Enttäuschung akzeptierst und dafür die Verantwortung übernimmst. Viele Menschen können bei Konflikten nicht nachgeben oder vergeben, weil sie es gleichsetzen mit gutheißen.

Wer sich ärgert, baut sich für Minuten, Stunden oder gar Jahre sein eigenes Gefängnis. Wer in Zorn gerät, ist leicht in Unordnung zu bringen. Stress, Hass und Ärger sind wohl die größten Energieräuber und Charisma-Vernichter. In einem gelassenen Leben ist Aggression nur die letzte Möglichkeit, wenn nichts anderes mehr geht.

FAZIT: JEDE AGGRESSION RICHTET SICH AUCH GEGEN DEN AGGRESSOR. LASS ENERGIERÄUBER DORT, WO SIE SIND. DU MUSST IHNEN NICHT IN IHREN FAULIGEN KELLER FOLGEN.

DU MÖCHTEST INTERESSANT SEIN, DANN SEI INTERESSIERT

Wer sich zurückhält, zuhört, nicht ständig »ja, aber ich...« sagt und andere Menschen aussprechen lässt, macht einen gelassenen und interessierten Eindruck. In den meisten Situationen ist es durchaus hilfreicher, erst mal zuzuhören, als gleich den Turbogang einzulegen. So sorgst du für eine gelassene und interessierte Ausstrahlung, bevor du überhaupt etwas gesagt hast. Leider habe ich das auch erst ziemlich spät begriffen.

Bei einer Fortbildung vor etwa 15 Jahren meinte die Seminarleiterin zu mir: »Du bist ein typischer JA, ABER-Typ.« Und sie erklärte: »Bei ihrer Geburt sind alle Menschen noch positiv, fröhlich, offen. Doch diese positive Haltung, die positive Spannungskurve endet bei den meisten Menschen irgendwann. Sie wird überlagert von Vorsicht, manchmal sogar von einer negativen Spannungskurve, die wie ein permanentes Gewitter über dem Glück hängt. Auch du hast dich in deiner inneren Burg sicherheitshalber von deiner Umgebung abgegrenzt und gehst im Gespräch fast immer in eine ›ja, aber-Haltung‹.«

Zunächst wies ich das natürlich gaaaaanz weit von mir. Doch instinktiv wusste ich, dass es ans Eingemachte ging. Sie hatte recht. Damals fühlte ich mich schlecht, wenn ich glücklich war. Ich dachte: »Wenn ich jetzt glücklich bin, dann kommt gleich ganz sicher eine Katastrophe um die Ecke gebogen und macht mir alles kaputt.« Also habe ich versucht, mich mit einem Sicherheitswall aus ganz vielen »ja, aber« zu umgeben. Doch damit habe ich gleichzeitig eine unsichtbare Barriere zwischen mir und meinem Gesprächspartner aufgebaut.

Es gibt jedoch noch eine andere Variante: Ich kenne »Ja, aber«-Reaktionen auch von Menschen, die sich durch eine reflexhafte Opposition selbst besser spüren wollen. Wer aus Gewohnheit sofort dagegen ist, zeigt »Profil«, obwohl kein echter Standpunkt dahinter steht.

Sag statt »Ja, aber...« das nächste Mal doch einfach »JA«. Nur wer die Interessen und Gefühle seiner Mitmenschen achtet, kann auf Dauer punkten. Versetze dich in dein Gegenüber hinein. Was lässt ihn/sie so argumentieren? Was ist ihr/ihm wichtig? Ein schnelles »Ja, aber ...« zeigt, dass jemand gerade nur bei sich ist und nicht zuhört.

Ein gradliniges »Ja« oder »Nein« verbindet. Wie bei meinem alten Freund, mit dem ich vor vielen Jahren in Südfrankreich unterwegs war. Er kannte nur zwei Wörter Französisch, »Oui« und »Non«, doch die Franzosen in der Altstadtkneipe von Nizza nahmen ihn herzlich auf, weil es ihnen das Gefühl gab, er höre ihnen zu. Sich anderen Menschen interessiert zuzuwenden, sie aussprechen zu lassen und ihnen mit einem herzlichen »Ja« zu begegnen, macht attraktiv und interessant.

Menschen, die Gerüchte und Bewertungen austeilen, sind hingegen eher unbeliebt. Im nächsten Kapitel geht es darum, warum es sinnvoll ist, sich aus der Gerüchteküche rauszuhalten.

»DER/DIE GEHT GAR NICHT ...«

»Von mir hast du das aber bitte nicht ... «
»Sei da besser vorsichtig!«
»Der/die hat doch nichts drauf. Das kannst du mir glauben... «

Solche Einschätzungen und Bewertungen hört man im Leben fast überall. Kaum finde ich eine Kollegin oder einen Kollegen sympathisch – schon wollen mir andere einreden, dass der oder die ganz bestimmt nicht o.k. ist.

Kaum finde ich jemanden vertrauenswürdig oder charakterstark, schon kommen mindestens drei Leute, die wissen wollen, dass ich bei ihm oder ihr besser vorsichtig sein sollte.

Kaum halte ich jemanden für talentiert, schon möchte mir jemand weismachen, dass er oder sie aber doch nun wirklich äußerst schwierig sei und höchstwahrscheinlich auch noch egozentrisch.

Noch vor wenigen Jahren war ich an solchen Säurebädern beteiligt und habe mit ähnlichen Sätzen mein Selbstwertgefühl gestärkt. Was mir damals noch nicht so klar war: Wer andere Menschen abwertet, möchte sich damit vor allem selbst aufwerten. Menschen lenken ihre Aufmerksamkeit deswegen nur allzu gerne auf andere. Sie dienen sich dabei gegenseitig als Projektionsfläche, als Parabolspiegel für Sehnsüchte, Unvermögen, Wünsche, Hoffnungen, Hassgefühle. Menschen mit mangelndem Selbstwertgefühl tendieren deutlich häufiger zu Neid, Eifersucht und der Herabwürdigung anderer. Zwietracht, Mobbing und Missgunst entstehen oft aus Minderwertigkeitsgefühlen, Angst oder Scham.

Wenn in deinem Umfeld demnächst mal wieder irgendein Gewäsch die Runde macht, dann bedenke: Letztlich ist alles sehr subjektiv – und ziemlich relativ. Kennst du wirklich die Fakten? Willst du dich an Mobbing und Ausgrenzung beteiligen? Frage dich lieber: Wer weiß, ob das wirklich wahr ist? Wer weiß, warum er/sie so handelt oder gehandelt hat? Wer weiß, wozu das den Beteiligten möglicherweise dient? Wer weiß, ob ich mir und anderen damit schweren Schaden zufüge?

Schwatzhaftigkeit und Gerüchte schaffen unnötige Kriegsschauplätze. Sie nehmen dir früher oder später den inneren Frieden. Geh entschieden und ausdauernd deinen Weg. Den Weg, den deine Intuition dir aufzeigt. Bleib gelassen, fair, ergreife keine Partei. Halte dein Herz offen. Nur so kannst du für Ausgleich, Einklang und Verständigung sorgen – und qualifizierst dich damit vielleicht sogar für höhere Aufgaben.

Beurteile andere Menschen nie durch die Brille Deiner Mitmenschen.

WARUM WIR UNS WIE MAGNETE ANZIEHEN

Patrick fängt plötzlich an, ablehnend auf seine Umwelt zu reagieren. Der kleinkarierte Anteil in ihm rührt sich immer öfter. Am Anfang sind es nur Kleinigkeiten. Doch irgendwann stören ihn sogar die Leute am Nachbartisch. Entweder reden sie zu laut oder sie haben für ihn nervige Stimmen. In diesen Momenten empfindet er das genaue Gegenteil von Gelassenheit und schraubt sich immer weiter in die Idee rein, dass die anderen ihm das Leben schwer machen. Er etabliert eine Menge Feindbilder. Was ist bloß los mit ihm?

Der große Sigmund Freud kam dem Phänomen der Projektion als Erster auf die Schliche: Wir meinen oft, andere seien die Ursache für unsere unerwünschten oder unangenehmen Gefühle. Das ist ein ziemlich praktischer Weg, unsere inneren Konflikte zu bearbeiten, ohne sie wirklich zu bewältigen. Ein Feind hilft uns dabei, das Gefühl der Kontrolle wiederzuerlangen. Wenn klar ist, wo das Übel sitzt, wird die Welt wieder halbwegs kalkulierbar. Indem wir den anderen abwerten, werten wir uns selbst auf.

Wie bei Patrick: Irgendwann wird ihm klar, dass ihm eigentlich seine eigene innere Unruhe auf die Nerven geht. Doch damit umzugehen ist viel schwieriger.

Bei vielen Konflikten finden sich da genau die Passenden. Menschen mit den zueinander passenden charakterlichen Beulen streicheln oder quälen sich in gegenseitiger Abhängigkeit. Im Laufe meiner Coaching-Tätigkeit bin ich zu der Überzeugung gekommen, dass manche Menschen wie siamesische Zwillinge aneinandergekettet sind.

MEIN TIPP: WENN DIR GERADE DIE GANZE WELT AUF DIE NERVEN GEHT, KANNST DU DICH FRAGEN, WAS DIR DAS ÜBER DICH SELBST SAGT.

WARUM DEIN GRÖSSTER FEIND DEIN WICHTIGSTER LEHRER IST

In den 80ern fuhr ich regelmäßig mit einem erfahrenen Psychotherapeuten nach Belgien, wo wir beide eine Radiosendung machten. Wenn ich mich in seiner Gegenwart über irgendeinen Zeitgenossen aufregte, sagte er mit stoischer Ruhe: »Der oder die muss etwas haben, was du so gerne hättest oder ganz besonders an dir ablehnst. Resonanz in dir entsteht, wenn ein Anteil vorhanden ist, der zum Schwingen gebracht wird. Ohne diesen eigenen Anteil in dir würde dich diese Art des anderen, dieser Konflikt oder dieses Ereignis nicht derartig berühren.«

Um es mir zu verdeutlichen, fuhr er fort: »Patrick, denk mal spontan an einen Menschen, der dich so richtig zur Weißglut bringen kann. Was stört dich an dieser Person SO sehr? Welche Charaktereigenschaft ist dafür verantwortlich? Was macht dich an ihrem Verhalten so verrückt? Womit kann sie dich zum Siedepunkt bringen?« Und mit ein bisschen Nachdenken musste ich ihm recht geben. An anderen Menschen stören mich vor allem Eigenschaften, die ich gerne hätte oder die mich an mir selbst stören.

Die Sekretärin eines ehemaligen Chefs habe ich beispielsweise gehasst. Weil sie die Dinge genauso dogmatisch sah wie ich. Für uns beide gab es stets nur eine Wahrheit, eine gültige Sichtweise, nämlich die eigene. Und die haben wir mit allen Mitteln verfochten. Mit dieser Haltung nahmen wir eine Menge Platz im Kopf des jeweils anderen ein. Selbst Jahre später war sie immer noch in mir präsent, ein Feindbild.

Mit vielen Jahren Abstand kehrt nun endlich Frieden in mir ein. Ich habe es in mir befriedet, Schritt für Schritt. Indem ich meine dogmatische Sicht auf die Dinge abgelegt habe und zwischen schwarz und weiß viele Graustufen erkennen und gelten lassen kann, konnte ich auch meine Abneigung gegen sie loslassen.

Ob es ihr ähnlich geht? Ich würde ihr wünschen, dass sie auch zu mehr Gelassenheit gefunden hat – dass sie zu der gleichen Überzeugung gekommen ist, dass jeder von uns nur so weit ist, wie er eben ist und jeder im Leben seine Aufgaben zu erledigen hat. Vielleicht macht es dieses Leben ja noch möglich, dass wir uns irgendwann die Hand geben, uns dabei in die Augen schauen, anlächeln und sagen: Es tut mir leid. Bitte verzeih mir. Vielleicht sogar: Ich danke dir.

Wer auch immer in dein Leben tritt und dich zu einer starken emotionalen Reaktion bringt, ist dein Lehrer. All diese Menschen werden in unser Leben geschickt, damit wir von ihnen lernen. Wer mich ablehnt oder kritisiert, gibt mir die Chance, reflektierter zu werden.

Falls du die Zusammenhänge bei manchen deiner »Lieblingsfeinde« nicht sofort erkennen kannst, befrage einfach mal einen neutralen Dritten. Andere haben oft den nötigen Abstand und können dir den nötigen Perspektivwechsel schenken. Liebe und Hass, so besagt ein altes Sprichwort, sind die Hörner der gleichen Ziege.

MEHR MÜNDER UND OHREN FÜR MEHR GELASSENHEIT

Wenn wir sprechen, hat unsere Botschaft stets vier Aspekte. Wer das weiß und für sich auswerten kann, wird im Alltag deutlich gelassener mit mancher Botschaft umgehen können.

In jedem Gespräch wird nicht nur die wortwörtlich formulierte Botschaft übermittelt, sondern auch all das, was nicht direkt ausgesprochen wurde. Im Austausch zwischen dir und den Menschen in deiner Umgebung stecken also mehrere Ebenen. Sie können die Wirkung einer Botschaft verstärken, abschwächen oder gar ins Gegenteil verwandeln.

Der Psychologe Prof. Dr. Friedemann Schulz von Thun, Autor der drei sehr beliebten Bände »Miteinander reden«, hat erkannt, dass jeder Mensch mit vier »Mündern« spricht. Und sein Gegenüber hört mit vier »Ohren« zu. Wir sprechen und hören bei jedem Kontakt mit einem anderen Menschen also tatsächlich auf vier verschiedene Weisen, kommunizieren auf vier verschiedenen Ebenen:

· Sachinhalt (Worum geht es?)
· Selbstoffenbarung (Was sagt die Nachricht über dich aus?)
· Beziehungsebene (Wie stehst du zum Empfänger?)
· Appell (Wozu willst du dein Gegenüber veranlassen?)

Unser Gesprächspartner hört auch auf vier Ebenen zu:

· Welche Fakten hat er/sie zu bieten? Welche nutzbaren Informationen hat die Person für mich und mein (Über)Leben? Was habe ich davon?
· Wie schätze ich den anderen als Person ein? Wie tickt mein Gegenüber? Droht mir Gefahr? Sollte ich aktiv werden, um mich zu schützen?

- In welcher Beziehung steht er/sie zu mir? Mag er/sie mich? Kann ich ihm/ihr vertrauen?
- Was möchte die Person konkret von mir? (Ausgesprochene oder nicht ausgesprochene Appelle)

Zur besseren Übersichtlichkeit beides noch mal in einer kleinen Tabelle:

	AUS SENDER-PERSPEKTIVE	AUS EMPFÄNGER-PERSPEKTIVE
SACHINFORMATION	Welche Fakten und Infos biete ich?	Was erfahre ich gerade?
SELBSTKUNDGABE	Was gebe ich von mir preis?	Was ist das für eine/r?
BEZIEHUNGSEBENE	Was halte ich von dir?	Wie steht er/sie zu mir? Was hält er/sie von mir?
APPELL-EBENE	Wozu möchte ich dich veranlassen?	Was will er/sie von mir?

Die vier Aspekte einer Botschaft

Schulz von Thun erklärt sein Vier-Ohren-Münder-Modell gerne anhand eines simplen Beispiels:

Ein Ehepaar steht vor einer roten Ampel und wartet auf die Grünphase. Sie fährt das Auto, er sitzt auf dem Beifahrersitz. Die Ampel wird plötzlich grün, was sie nicht sogleich bemerkt. Er kommentiert das sofort mit einem einzigen Wort: »Grüüüüün!«

Der Sachinhalt ist klar: »Die Ampel ist grün.« (**Mund/Ohr 1**)
Der Appell lautet: »Fahr endlich los!« (**Mund/Ohr 2**)
Die gelebte Beziehungsebene des Ehepaares wird für diese Situation binnen einer Sekunde deutlich (**Mund/Ohr 3**): »Ich bin hier der Chef!«
Die Selbstoffenbarung des Ehemannes könnte lauten: »Ich bin genervt und natürlich der bessere Fahrer.« Bzw. »Du kannst das nicht [richtig].« Oder auch: »Ich habe es mal wieder zuerst gesehen.« (**Mund/Ohr 4**).

Du wirst möglicherweise noch weitere Interpretationsmöglichkeiten finden. Die Erkenntnisse von Friedemann Schulz von Thun sind in nahezu jedem Gespräch nutzbar. Hinterfrage auf diese Weise doch mal Stresssituationen in deinen bisherigen Beziehungen oder warum die Kommunikation mit deinen Führungskräften oder Kollegen nicht funktioniert. Welche der vier Ebenen hat dich eigentlich sauer gemacht? Welcher der vier Münder bringt dich auf die Palme?

Wenn du die Kommunikation mit deinen Mitmenschen besser auswerten und einordnen kannst, wirst du zum Souverän der jeweiligen Kommunikationssituation. Du bist deinen Mitmenschen dann sozusagen 3 Münder bzw. Ohren voraus. Das macht dich deutlich gelassener. Eine Botschaft überfordert dich dann nicht mehr, denn du kannst sie viel detaillierter auswerten und ganz anders einordnen.

SCHWARZ ODER WEISS – VOM URTEILEN UND BEWERTEN

Es gibt nicht mehr allzu viel, was ich an anderen ablehne. Denn ich habe gelernt, dass das, was ich bei meinem Gegenüber sehe und nicht mag, nur etwas ist, was ich an mir selbst nicht ausstehen kann. Unzufriedenheit, Missmut, Ärger, die tägliche Frustration – das hat weniger mit den anderen zu tun, sondern vor allem mit mir. Das Leben schickt mir die passenden Spiegel in Menschengestalt, um meinen eigenen Handlungsbedarf zu erkennen. Wenn ich verstehe, dass andere Menschen nur eine Projektionsfläche für meine eigene Unzufriedenheit darstellen, dann geschieht ein kleines Wunder. Dann begebe ich mich auf eine interessante Reise, die direkt zu mir führt.

Wahre Lebenskunst besteht darin, Menschen und Situationen, die man auf Anhieb nicht mag, einfach nur wahrzunehmen, ohne sie zu bewerten. Mit Schwarz-Weiß-Denken nimmst du jedes Mal einen kleinen Löffel Gift zu dir. Wenn du deine Mitmenschen verdammst, blockierst du dich nur selbst. Bau dir stattdessen einen farbenfrohen Aussichtsturm. Von dort kannst du die Welt immer wieder »neu« entdecken.

Frag dich: Wie häufig denke ich »das ist gut/schlecht« oder »dieser Mensch ist gut/schlecht«. Wie oft urteilst du über deine Mitmenschen? Wie oft drückst du ihnen einen Stempel auf oder bist der Ansicht, dass deine die einzig gültige Sichtweise zu einem Sachverhalt ist?

Du kannst noch heute anfangen, das zu ändern. Fang an damit, die Dinge so zu nehmen, wie sie sind. Nimm sie zur Kenntnis. Stelle vielleicht auch fest, dass jemand völlig anders ist als du. Dass er/sie etwas tut, was nicht deinen Vorstellungen oder Gefühlen entspricht. Du kannst dann zu der Überzeugung kommen, dass du so nicht sein, reden oder handeln möchtest. Doch verurteile diesen Menschen nicht dafür, dass er zu diesem Zeitpunkt nicht anders kann. Jeder ist eben nur soweit, wie er zu einem bestimmten Zeitpunkt ist. Es ist natürlich dein gutes Recht, Menschen mit anderer Wellenlänge aus dem Weg zu gehen, ihre Gesellschaft zu meiden, sie nicht zum Mittagessen einzuladen. Doch Unterschiedlichkeit muss nicht zu einer Antipathie führen. Wenn es dir gelingt, die anderen so zu nehmen, wie sie sind, wirst du gelassener durchs Leben gehen.

VERGEBUNG – EIN WICHTIGER WEG ZUR GELASSENHEIT

Der große Nelson Mandela hat sich sein Leben lang für Freiheit und Frieden in Südafrika eingesetzt. Er ging mit Liebe auf die Menschen zu und entfachte damit die Liebe in ihnen. Und das, obwohl er von seinen ehemaligen Gegnern beinahe 30 Jahre lang in eine winzige Gefängniszelle gesperrt wurde.

Die folgende Begebenheit macht deutlich, wie tief Mandela vergeben hatte. Wenige Wochen nachdem er Präsident geworden war, spielte die Fußballnationalmannschaft Südafrikas gegen Sambia. Mandela sah sich das Spiel als Ehrengast an. Als er nach dem Abpfiff das Stadion verließ, erblickte er in der Nähe des VIP-Tores einen älteren weißen Streifenpolizisten. Die jahrelange Tätigkeit im Polizeidienst hatte tiefe Falten und Furchen in dessen Gesicht hinterlassen. Präsident Mandela verzichtete auf alle Sicherheitsabsprachen und ging direkt auf den Polizisten zu. Dessen Augen wurden von Sekunde zu Sekunde größer. Mandela blieb etwa einen Meter vor ihm stehen. Vor einem Mann, der genau jenem Regime gedient hatte, das Mandela für ein halbes Leben weggesperrt hatte. Und Mandela sagte: »Colonel, ich möchte Ihnen einfach nur sagen, dass ich nun Präsident unseres Landes bin und es ab sofort kein ›wir und die anderen‹ mehr geben darf.« Das sagte Mandela mit einer Stimme, die es wie kaum eine andere vermochte, innerhalb von Sekunden die Seele eines Menschen zu berühren. Und dann fügte er noch hinzu: »Sie sind nun unsere Polizei!« Mandelas Fahrer und sein Bodyguard durften miterleben, wie ein gestandener Polizist vor Rührung in Tränen ausbrach. Mandela nahm vorsichtig seine Hand und hielt sie für eine Weile.

"No one is born hating another person because of the colour of his skin, his background, or his religion. People must learn to hate, and if they can learn to hate, they can be taught to love, for love comes more naturally to the human heart than it's opposite."

Nelson Mandela

NIMM ENERGIE NICHT AUF, LEITE SIE UM

Möglicherweise wirst du auch gleich wieder Menschen begegnen, die du als unfair, unzufrieden, wütend, schroff, unfreundlich oder launisch wahrnimmst. Vor ein paar Jahren noch habe ich bei solchen Begegnungen oft harsch und grollend reagiert. Inzwischen stelle ich Fragen. Ja, tatsächlich. Ich reagiere auf die verbalen Rempeleien anderer mit wertschätzenden Fragen: Warum siehst du das so? Seit wann hast du das Gefühl? Kann ich etwas für dich tun? Nutze eine alte journalistische Grundtugend: Wer fragt, der führt. Fragen sind ein sehr machtvolles Instrument. Wirst du von jemandem »übel angegangen«, kannst du mit sanften Fragen beinahe jedem den Wind aus den Segeln nehmen.

Wer aggressiv ist, wünscht sich häufig nur Aufmerksamkeit, eine freundliche Geste, einen lächelnden Blick oder eine Umarmung. Bleib bei dir, wünsche dem anderen nur das Beste. Und versuche, wenn du kannst, dein Gegenüber zu akzeptieren, so wie er/sie eben ist – und nicht mit einem Gegenangriff zu bekämpfen. Jeder von uns gibt sein Bestes. Und vielleicht hat dein Gegenüber noch nie etwas davon gehört, dass wir Menschen mit vier Ohren hören und mit vier Mündern sprechen ...

DRUCK ERZEUGT GEGENDRUCK

Vor rund 370 Jahren beschrieb Isaac Newton das Wechselwirkungsprinzip actio est reactio (lateinisch für »Aktion ist gleich Reaktion«). Es besagt, dass jeder Körper, der einen anderen drückt, von dem anderen Körper genauso stark zurück gedrückt wird. Wenn du mit den Fingern einen Stein hältst und dabei Druck ausübst, werden deine Finger genauso intensiv vom Stein gedrückt. Wenn ein Pferd einen Wagen zieht, wird das Pferd gleichermaßen in Richtung Wagen gezogen. Druck erzeugt Gegendruck.

Im zwischenmenschlichen Alltag bedeutet das: Versuchst du einen Menschen in eine bestimmte Richtung zu drücken, ohne ihn vorher von deinem Vorhaben überzeugt zu haben, so wird er höchstwahrscheinlich dagegenhalten. Wenn du in Konfliktsituationen um jeden Preis mit dem Kopf durch die Wand willst und  auf der Durchsetzung deines Willens beharrst, machst du dir selbst und anderen das Leben schwer. Cleverer ist es, den Raum für eine Weile freizugeben und vielleicht sogar klar zu signalisieren, dass du auch ein Nein akzeptieren würdest. Und siehe da: Plötzlich fügen sich die Dinge deutlich häufiger im Einvernehmen. Man nennt solche Momente auch »Win-Win-Situation«.

DER KOMMUNIKATIVE TEUFELSKREIS

Bei uns Menschen geht es oft zu wie im Chemie-Labor. Je nachdem, welche Elemente aufeinander treffen, kann es zu einer unvorhersehbaren Kettenreaktion kommen.

So mancher Streit ist vergleichbar mit einem Feuer, das sich zu einem Flächenbrand ausweitet und am Ende nur Chaos und Verwüstung hinterlässt. Wenn du den Brand nicht löschst, wird es so lange in dir brennen, bis nichts Brennbares mehr übrig ist.

Bei Redakteurin Alexandra und ihrem Chef Patrick ist es ganz ähnlich. Sie hat neuerdings das Gefühl, dass er sie ignoriert. Nein, sie ist sich sogar sicher! Patrick fragt ihre Kolleginnen viel öfter um Rat! Und außerdem rauscht er dauernd an ihr vorbei, ohne sie zu grüßen. Je länger sie darüber nachdenkt, desto überzeugter ist sie: Patrick mag sie nicht mehr. Was hat sie denn nur falsch gemacht? Sie fühlt sich abgelehnt. Sie ahnt nicht, dass Patrick seit einiger Zeit daheim massive Probleme hat. Alexandras Groll wächst Tag für Tag. Sie meidet ihren Chef, wo sie nur kann. An Teamsitzungen nimmt sie nur noch teil, wenn er sie ausdrücklich dazu auffordert. Ihm fällt das natürlich auf, weshalb er sie zu einem Gespräch bittet. Sie reagiert auf seine Einladung unwirsch und hält ihm »Ignoranz« im Umgang mit seinen Mitarbeitern vor. Er droht ihr mit Konsequenzen, bis hin zur Abmahnung.

Und schon stecken die beiden Teufelskreis, in dem sich beide immer mehr so verhalten, wie es ihnen unterstellt wird. Solche Konfliktspiralen sind wie ein Perpetuum mobile, wie zerstörerische Viren in einem Computerprogramm. Sie blockieren die Kommunikation und legen irgendwann das ganze System lahm. Bis es im besten Falle zu einer Streitschlichtung kommt, ist viel Schaden entstanden. Es fallen Worte, die sich im Unterbewussten festsetzen, es werden Wunden geschlagen, die Narben hinterlassen.

Hätten Alexandra oder Patrick ihre Eindrücke schon früher angesprochen, hätten sich diese Verhakungen womöglich gar nicht ergeben. Der amerikanische Mediator Marshall B. Rosenberg hat ein paar äußerst nützliche Tipps erarbeitet, mit denen man in solchen Konfliktsituationen unnötige Verletzungen und deren Folgen vermeiden kann.

· Sprich eine Irritation möglichst zeitnah an und benenne dabei deine Beobachtungen.
· Formuliere keine Schuldzuweisungen, sondern sprich von deinen Gefühlen und Bedürfnissen.
· Betrachte Kritik als eine Aussage des anderen über sich selbst.
· Benenne das, was du willst, und nicht das, was du nicht willst.
· Bleibe bei dem, was jetzt aktuell ist. Tische keine »uralten Kamellen« auf.
· Akzeptiere, wenn dein Gegenüber aus dem Streit aussteigen will. Mach also nicht weiter, wenn dein Gegenüber signalisiert, dass er/sie das Gespräch beenden möchte.
· Rede klar, direkt und ehrlich. Vermeide es, zu manipulieren, zu tricksen, zu täuschen oder zu behaupten.
· Bleibe auch unter Druck wohlwollend. Nimm dir eine Auszeit, wenn du merkst, dass du das nicht mehr kannst.

Bei zwischenmenschlichen Konflikten gibt es mindestens zwei Beteiligte. Jeder hat einen Anteil, keiner ist nur Opfer oder Täter. Wer sein eigenes Verhalten ändert, nimmt damit auch Einfluss auf den anderen. Es spielt nur eine geringe Rolle, wer hierbei den Anfang macht. Durch einen Konflikt können Lösungen und Ideen entstehen, auf die man sonst nicht gekommen wäre. WENN die Beteiligten ihre Konflikte nicht eskalieren lassen und bereit sind, sie anzusprechen.

ZAUBER-TOOL: PARADOXE INTERVENTION

Seminarbeginn an einem ganz normalen Werktag. Die komplette Vertriebs-
abteilung eines mittelständischen Handelsunternehmens trifft sich zu einer
Fortbildung. Das Thema: »Konfliktärmer kommunizieren«. Doch schon nach
wenigen Minuten herrscht dicke Luft. Einzelne Mitarbeiter zetteln eine Meu-
terei gegen die anwesenden Führungskräfte an. Nach lautstarker Diskussion
möchten drei Vertriebsleute sogar eine Erklärung verlesen, die alle strukturel-
len und personellen Veränderungen der vergangenen Monate im Kern anzwei-
felt. Auch als erfahrener Seminarleiter bekommt man in solchen Momenten
einen gewaltigen Adrenalinschub. Einfach nur um Frieden und Verständigung
zu bitten dürfte angesichts der Vorgeschichte wohl kaum funktionieren.

Was habe ich also gemacht? Das genaue Gegenteil. Ich habe die Teil-
nehmer gebeten, ihre Schlagstöcke und Waffen rauszuholen, um den
Kampf mit offenem Visier auszutragen, handfest wie im Mittelal-
ter, Auge um Auge, Zahn um Zahn. Wenige Sekunden später habe
ich dann noch das »Große Buch der asiatischen Weisheiten« aus
meinem Seminarkoffer gekramt und demonstrativ auf den Tisch
gelegt. Beides hat die Stimmung erhellt, die Absurdität der Lage
klargemacht und die Konfliktparteien zunächst wieder gesprächs-
fähig gemacht.

Grinsend konnten die Streithähne nun wieder in einen Dialog
eintreten. Na, was denkst du – ob die Gruppe sich an diesem Tag
wohl noch einmal ernsthaft bekriegt hat?

Meine Intervention an diesem Morgen war zunächst mal paradox.
Paradoxe Interventionen sind ein hilfreicher Trick, um Widerstände
oder Konflikte ins Gegenteil zu verkehren. Ähnlich wie bei fernöstlichen
Kampfsport-Techniken: Wenn jemand drückt – nicht gegendrücken,
sondern ziehen.

Die Methode geht auf den Neurologen und Psychiater Viktor Frankl zurück. Er hatte die Idee, dass sich manche Probleme einfacher und effektiver auf indirektem Wege lösen lassen. Frankl forderte seine Patienten auf, problematische Verhaltensweisen nicht zu bekämpfen, sondern zu akzeptieren und sogar zu übertreiben. Menschen, die zum Stottern neigten, hat er aufgefordert, absichtlich noch viel mehr zu stottern. Andere, die unter zwanghaftem Aufräumen litten, bekamen den Auftrag, doppelt so oft aufzuräumen wie bisher.

Der menschliche Wille ist zuweilen wie eine Kuh, die einfach nicht in den Stall gehen will, so sehr der Bauer auch drückt und schiebt. Doch wenn er sie am Schwanz in die entgegengesetzte Richtung zieht, läuft sie plötzlich nach vorne.

Manchmal scheinen wir uns trotz bester Absichten durch unser Bemühen nur weiter vom Ziel zu entfernen. Wir wollen entspannter oder effektiver arbeiten, werden aber stattdessen noch verbissener. Wir haben Angst vor etwas, können die Angst aber nicht auflösen. Auch hier kann paradoxe Intervention helfen. Motto: Mach genau das, was du partout verhindern willst.

Starpianist Glenn Gould kannte diesen Trick auch. Der Psychologe und Autor Gerd Gigerenzer beschreibt in seinem empfehlenswerten Buch »Bauchentscheidungen«, wie Gould kurz vor einem wichtigen Konzert, als er völlig desorientiert war, im heimischen Übungsraum alle lärmenden Elektrogeräte wie Staubsauger und Radio einschaltete. Er nahm sich auf diese Weise die Konzentration auf sein eigenes Tun und plötzlich gingen ihm die Stücke wieder wie selbstverständlich von der Hand.

MEIN TIPP: WENN DU EIN »PROBLEM« STARK ÜBERTRIEBEN ZUM AUSDRUCK BRINGST, STATT ES ZU BEKÄMPFEN, KÖNNEN SICH EMOTIONEN WIE WUT, GROLL, AGGRESSION UND ÄHNLICHES UMKEHREN.

DIE DREI SIEBE DES SOKRATES

Der griechische Philosoph Sokrates bekommt unerwartet Besuch. Noch völlig außer Atem sagt sein Gast: »Sokrates, ich muss dir etwas über einen deiner Freunde erzählen ...«

»Warte«, unterbricht ihn Sokrates. »Hast du das, was du mir unbedingt sagen möchtest, durch drei Siebe gesiebt?«

»Drei Siebe. Welche denn? Aber das solltest du unbedingt erfahren!«

»Vielleicht. Das erste Sieb ist das Sieb der Wahrheit. Hast du das, was du mir erzählen möchtest, auf seinen Wahrheitsgehalt hin geprüft?«

»Nein, ich hab die Leute bloß reden gehört ...«

»Gut. Dann hast du die Worte der Leute aber doch sicher mit dem zweiten Sieb, dem Sieb der Güte, geprüft. Ist das, was du mir erzählen möchtest – wenn es schon nicht mit Sicherheit wahr ist – wenigstens gut?«

»Mmmh. Nein, das ist es ehrlich gesagt nicht. Es ist genau das Gegenteil von gut. Deswegen komme ich ja ...«

»Nun«, unterbricht ihn Sokrates, »dann wollen wir doch noch das dritte Sieb der Notwendigkeit nehmen und uns fragen, ob es wirklich notwendig ist, mir all das zu erzählen, was dich so zu erregen scheint.«

»Naja ...»

»Also«, schmunzelt Sokrates, »wenn es also weder wahr noch gut noch notwendig zu sein scheint, so lass es uns begraben und unsere Nerven schonen.«

MERKE: WEISE MENSCHEN ACHTEN DARAUF, WAS SIE ZU SICH NEHMEN –
NICHT NUR KÖRPERLICH, SONDERN AUCH GEISTIG. UND SIE WISSEN UM DIE
DINGE, DIE SIE STEUERN KÖNNEN. MANCHE VERMEIDEN SOGAR BEWUSST,
ÜBER DINGE ODER SITUATIONEN NACHZUDENKEN, AUF DIE SIE KEINEN EIN-
FLUSS HABEN.

NIMM DIE MENSCHEN, WIE SIE SIND

Wir treffen unser Leben lang auf Menschen mit unterschiedlichen Überzeugungen, Werten und Weltanschauungen. Jeder von uns betrachtet die Welt und seine Mitmenschen durch seine eigene Brille. Wenn wir verstehen, dass jeder von uns mit den Dellen, Erfahrungen und Mustern seiner Vergangenheit durchs Leben läuft, begegnen wir uns verständnisvoller. Wie sagte Altkanzler Konrad Adenauer so schön: »Nimm die Menschen, wie sie sind. Andere gibt es nicht.«

In Anlehnung an die Kommunikationsstile nach Friedemann Schulz von Thun möchte ich verdeutlichen, wie klischeeartig wir uns oft ein ganzes Leben lang verhalten.

Natürlich verkörpert kaum jemand ausschließlich einen einzigen der folgenden Stile. Diese Betrachtungsweise wäre zu einfach. Denn auch wer tagsüber im Job den unnahbaren Gewaltbolzen gibt, verhält sich abends in der Rolle des Familienvaters nicht zwangsläufig nach demselben Muster. Wir alle agieren im Leben je nach Rolle, Kontext und Umgebung sehr unterschiedlich.

Die Bedürftigen

»Wie soll ich das bloß alleine hinbekommen? Kannst du bitte mal helfen ...?«
Der Bedürftig-Abhängige demonstriert vor allem seine Hilflosigkeit und traut seinem Gegenüber generell mehr zu als sich selbst. Er belagert gerne Menschen, die ihm schon mal geholfen haben – und quengelt dann so lange, bis ihm abermals geholfen wird. Ohne zu probieren, ob er es auch alleine schafft. Der bedürftig-abhängige Kommunikationsstil lässt auf ein mangelndes Selbst-

bewusstsein schließen, das sich durch eine überbehütete Kindheit entwickelt haben könnte, in der eigene Persönlichkeitsentwicklung eingeschränkt wurde. Falls du bemerkst, dass du oft in dieser Form mit anderen kommunizierst, könntest du lernen, dir selbst mehr zuzutrauen, bevor du andere um Hilfe bittest. Probiere Dinge aus und geh auch mal an die Grenzen dessen, was du dir bisher zugetraut hast.

Die Helfenden

»Ich möchte dich sooo gerne unterstützen!«

Wer im helfenden Stil kommuniziert, will besonders belastbar und kompetent erscheinen und bietet daher gerne seine Hilfe an (»Helfersyndrom«). Motto: »Schaut her, ich bin stark wie ein Baum und kann euch selbstverständlich allen als Stütze dienen.« Helfende üben eine beinahe magische Anziehung auf jene Menschen aus, die Hilfe suchen. Wenn ein Helfender um Hilfe gebeten wird, fühlt er sich bedeutsam. Er hat vermeintlich alles im Griff und ist stets für andere da. »Nein« zu sagen fällt dem Helfenden schwer. Doch so mancher Helfende versucht, mit seinem Verhalten vor allem seine Ängste und Schwächen zu verbergen oder von den eigenen Problemen abzulenken. Das zeigt sich, wenn der vermeintlich starke Helfer an seine Grenzen stößt. Dann ist er überraschend gereizt. Kein Wunder. Denn Helfer gehen regelmäßig bis ans Ende ihrer Kräfte. Sie sind deshalb prädestiniert für psychosomatische Probleme oder Krankheiten. Falls du ein Helfer bist, könntest du versuchen, öfter mal über deine eigenen Schwächen zu sprechen und »Nein« zu sagen. Man kann und muss nicht allen helfen.

Die Selbstlosen

»Ich kann ein bisschen mehr (er)tragen ...«

Der selbstlose Kommunikationsstil ist verwandt mit dem helfenden Stil, jedoch mit einem kleinen Unterschied: Der Selbstlose zeigt zusätzlich noch eine
gewisse Unterwürfigkeit. Er hat nämlich das starke Bedürfnis, sich für andere
aufzuopfern. Dabei passiert es häufig, dass sein Ansehen in der Gruppe leidet
oder völlig erodiert (»Fußabtreter«). Das mangelnde Selbstwertgefühl verhin-
dert jedes überzeugende Auftreten. Für Menschen dieser Art ist es wichtig,
sich im Gespräch zu behaupten und statt »man« oder »eigentlich« lieber »ich«
und »Nein« zu sagen. Diese Worte können für Selbstlose ein echter Meilen-
stein sein.

Die Sich-Distanzierenden

»Unter Berücksichtigung der Umstände komme ich nunmehr zu der
Überzeugung ...«

Der sich-distanzierende Stil wirkt verschlossen, statisch, beherrscht und steif.
Wer auf diese Art kommuniziert, lässt niemanden hinter die Fassade schauen
und schafft eine Distanz, um nicht zu viel von der eigenen Persönlichkeit preiszugeben. Er ist kein Freund von Gefühlen und neigt zu Generalisierungen und
distanziertem Verhalten. Die Sich-Distanzierenden meiden das Wort »ich«
und begeben sich ungern in zwischenmenschliche Abhängigkeiten. Gerüchte,

Streitereien, Kollegentalk sind ihnen fremd. Sie sind frei davon, es anderen Menschen irgendwie recht machen zu wollen. Gespräche verlaufen nüchtern und höchst präzise. Deswegen kann es im Verlauf von Unterhaltungen zu verkrampften Momenten kommen – die sich manchmal wie eine halbe Ewigkeit anfühlen. Oft sind diese Menschen erstaunlich emotional. Sie lassen ihre Gefühle aber nicht nach außen dringen. Falls du so kommunizierst, könntest du lernen, mehr von dir preiszugeben. Sei offener im Umgang mit deinen Mitmenschen, damit sie deine Sichtweise und Haltung besser verstehen können. Sag auch mal »ich«.

Die Mitteilungsfreudig-Dramatisierenden

»Ich hätte da mal wieder eine Idee!«

Der Mitteilungsfreudig-Dramatisierende unterbricht seine Mitmenschen häufig und nutzt deren Stichworte, um über sich und seine Lieblingsthemen zu schwadronieren. Mit dieser Form der Selbstbespiegelung unterhält er sein Publikum mit grellbunten Geschichten oder epischen Dramen. Er redet und redet und redet. Ein echter Dialog ist dabei kaum möglich. Der Mitteilungsfreudige ist oft ein körperbetonter Mensch vom Typ Schulterklopfer, der ausladend gestikuliert und eine übertriebene Nähe zu anderen sucht. Letzten Endes fühlen sich diese Menschen oft unwichtig und wollen sich um jeden Preis interessanter machen. Wer in diesem Stil kommuniziert, könnte versuchen, seinen Blick für sein Umfeld zu öffnen. Ja, es gibt sie – die Interessen, Wünsche und Geschichten der Mitmenschen. Wenn du sie wahrnimmst, können Gespräche zu echten Dialogen werden.

Die Bestimmend-Kontrollierenden

»Nun ja, Sie sind mal wieder deutlich zu spät!«

Wer bestimmend-kontrollierend kommuniziert, geht davon aus, dass sich alle am eigenen Perfektionsanspruch orientieren sollten. So pünktlich, präzise und gründlich wie er ist nämlich kaum jemand. Er liebt ausgefeilte Planung, Kontrolle und Organisation. Am liebsten würde er alles ganz alleine erledigen. Der Bestimmend-Kontrollierende klammert sich an Tradiertes und Altbewährtes. Er ist tendenziell unflexibel und fantasielos und blockiert für gewöhnlich neue Ideen und Gedanken. Denn Neues würde ja eine Gefahr für die bisherigen Regeln und Abläufe darstellen. Der Bestimmend-Kontrollierende hält sich pedantisch an Ritualen und Prozessen fest. Er möchte alles in seine Richtung lenken und dominiert viele Abläufe oder bremst sie aus. Selbstkontrolle und Selbstbeherrschung prägen diesen Stil. Dieser Kontrollzwang gegenüber sich selbst und anderen basiert vor allem auf der Angst vor Chaos und Kontrollverlust. Für die Bestimmend-Kontrollierenden liegen die Herausforderungen darin, den Dingen auch mal ihren Lauf und die Meinungen anderer auch mal so stehen zu lassen.

Die Aggressiv-Entwertenden

»Das ist ja eine selten blöde Idee!«

Diese Menschen wollen ihr Gegenüber abwerten und sich damit selbst aufwerten. Sie wirken nach außen latent aggressiv, mitunter auch jähzornig, eruptiv oder gar bösartig. Mit ihrer harten Schale möchten sie ihre Ängste verbergen. Denn der Aggressiv-Entwertende glaubt, »die anderen« würden sofort angreifen, wenn er nicht jederzeit vorbeugt. Deshalb will er die Oberhand behalten. Dadurch unterdrückt und verletzt er jedoch seine Mitmenschen, was häufig für Spannungen sorgt. Für Menschen, die zum aggressiv-entwertenden Stil neigen, ist es wichtig, nicht persönlich und verletzend zu werden und auf ein gesundes Maß an Empathie und Taktgefühl zu achten.

Die Sich-Beweisenden

»Schaut alle her! Hab ich das nicht wieder prima gemacht?!«

Der Sich-Beweisende profiliert sich gerne vor anderen, denn darüber steigert er seinen Selbstwert. Im Gegensatz zum Aggressiv-Entwertenden macht er das nicht über das Herabsetzen seiner Mitmenschen, sondern durch Aufplustern und Imponiergehabe. Dabei möchte er im Grunde nur seine eigene Unsicherheit verbergen. Weil sein eigenes Selbstwertgefühl von seiner Leistung abhängt, zeigt er stets vollen Einsatz. Das kann auf Kollegen bedrohlich wirken. Die Sich-Beweisenden gelten als höchst zuverlässig. Fehler sind ihnen ein absolutes Gräuel, denn sie stehen unter dem permanenten Druck, sich nach außen perfekter zu zeigen, als sie in Wirklichkeit sind. Sie haben Angst, ihr »wahres Ich« könnte auf Ablehnung stoßen. Wenn in einer Gruppe mehrere Personen dieser Couleur aufeinander treffen, kann es zu Imponiergehabe und Schaulaufen kommen, was häufig zu einer angestrengten, hektischen oder verkrampften Atmosphäre führt. Wenn du dich in dieser Beschreibung wieder erkennst, könntest du versuchen, nicht alles als problematisch, fehlerhaft oder unvollkommen anzusehen. Es gibt stets mehrere Möglichkeiten, die Dinge zu betrachten. Sich-Beweisende könnten lernen, dass Selbstliebe zu einer größeren Akzeptanz im Innen und Außen führt, und damit zu mehr Gelassenheit.

EMOTIONALE RESONANZ – TIPPS FÜR GELASSENERE GESPRÄCHSFÜHRUNG

Jeder von uns kennt Begegnungen oder Gespräche, die einem schon vor Beginn unangenehm sind. Dann fällt es manchmal schwer, der Unterhaltung die gewünschte Richtung zu geben. Wir reagieren, statt zu agieren, das Ziel gerät aus den Augen und das Ergebnis ist dann nicht selten ein konfliktbeladenes, zerfasertes Gespräch.

Für solche Situationen reichen oft wenige gezielte Impulse, um gelassener mit der Situation umgehen zu können, auch wenn du unter großem Druck stehst. Hier kommen ein paar Tipps für ein gelasseneres Kommunikationsverhalten – etwa bei besonders wichtigen Entscheidungen oder in kritischen Situationen:

· Prüfe vor dem Gespräch deine Einstellung zum Gesprächspartner. Ein zentrales Beziehungselement ist die emotionale Resonanz, also die Fähigkeit, sich auf die Stimmung und Bedürfnisse von anderen einzuschwingen.
· Bereite das Gespräch, wenn möglich, gedanklich vor.
· Fahr deine Antennen aus, halte Blickkontakt. Achtsamkeit bildet die Basis für gelassene Kommunikation.
· Sorge für einen angenehmen Gesprächsrahmen.
· Sprich dein Gegenüber mit Namen an.
· Erkenne das Energielevel deines Gegenübers.
· Achte auf nonverbale Signale. Wie geht es ihm/ihr?
· Wenn dein Gesprächspartner beispielsweise einen bedrückten Eindruck macht, kannst du deine Wahrnehmung auch in Worte fassen: »Ich sehe, dass dich offenbar etwas bedrückt.« Das kann ein verbindendes und sehr empathisches Element eines Gespräches sein.
· Mach deine eigenen Bedürfnisse transparent und verständlich.
· Höre zu. Lass dein Gegenüber ausreden.
· Stelle Fragen. Wer fragt, der führt.

· Formuliere bildhaft und angemessen emotional.
· Wiederhole wichtige und zentrale Botschaften. Gib das, was du verstanden hast, ab und zu in eigenen Worten wieder. Damit werden Missverständnisse unwahrscheinlicher.
· Vermeide Verallgemeinerungen und Killerphrasen (»Das geht so nicht!«).
· Schaffe ausreichend Raum für Humor.
· Sprich über Ideen und Möglichkeiten. Ein zielführendes Gespräch kann Verbesserungspotenziale aufzeigen.
· Vermeide Richtig-Falsch-Diskussionen und vermeide, die Botschaften deines Gesprächspartners gleich zu bewerten.
· Fasse das Ergebnis des Gesprächs gegen Ende noch mal kurz zusammen.
· Vereinbare möglichst klare Ziele (Was? Wer? Wann? Wo?).
· Sag aufrichtig danke, wenn das Gespräch gut verlaufen ist.

MANCHE KONFLIKTE SIND WICHTIG

Hier noch ein Gedicht über Konfliktfähigkeit, das mir als aufrechtem Demo-
kraten sehr am Herzen liegt. Es ist weltweit bekannt geworden und stammt
von dem deutschten Pastor Martin Niemöller, der von 1937 bis 1941 unter den
Nazis im Konzentrationslager war.

Als die Nazis die Kommunisten holten,

habe ich geschwiegen;

ich war ja kein Kommunist.

Als sie die Sozialdemokraten einsperrten,

habe ich geschwiegen;

ich war ja kein Sozialdemokrat.

Als sie die Gewerkschafter holten,

habe ich nicht protestiert;

ich war ja kein Gewerkschafter.

Als sie mich holten,

gab es keinen mehr,

der protestieren konnte.

IV

Gelassen mit sich selbst umgehen

Wir wissen eine Menge über die Vernunft, über optimale Modelle, Prozesse, Mechanismen und wissenschaftliche Zusammenhänge. Doch über den Umgang mit unseren eigenen Gefühlen, unseren Nöten, Sorgen, Bedürfnissen wissen wir erstaunlich wenig. Darum kümmern wir uns in diesem Teil.

- WAS FÜR EIN LEBEN I UND II
- NEULICH AN DER AMPEL
- LIEBE DAS, WAS DA IST
- GLAUB NICHT, WAS DU DENKST
- DENK DAS GEGENTEIL
- TIPPS FÜR GUTE LEITSÄTZE
- DANN IST DAS JETZT SO
- DIE INNERE HALTUNG IST ENTSCHEIDEND
- BEGINNE JETZT!
- MEIN SEELENKELLER: DIE MACHT DES UNTERBEWUSSTEN
- DIE ROLLEN UNSERES LEBENS
- DAS INNERE KIND MAL WIEDER SPIELEN LASSEN
- DIE KINDHEIT LEBT IN UNS WEITER
- DIE EIGENEN DAUMENSCHRAUBEN LÖSEN
- IN OR OUT OF THE BOX

WAS FÜR EIN LEBEN... ☹

6.00 Uhr. Patrick steht auf. Mit ihm seine Söhne Leon, Laurenz, Justus und seine Frau Alexandra. Verdammt, wie das doch alles nervt, denkt er. Was hab ich hier verloren? Was verbindet mich mit diesen Menschen, außer dass ich mich mein Leben lang um sie sorgen muss?

7.45 Uhr. Auf dem Weg ins Büro kommt die Sonne raus. »Das nicht auch noch«, denkt Patrick. »Wenn die Sonne mich weiter so blendet, muss ich noch die Sonnenblende herunterklappen.« Patrick denkt an die fast 9 Stunden Arbeitszeit, die vor ihm liegen. »Ich könnte mich übergeben, wenn ich nur an die tumben und nichtssagenden Gesichter meiner Arbeitskollegen denke. Jeden Tag die gleichen dämlichen Sprüche, jeden Tag der gleiche irre Ablauf. Und gegen Mittag ständig dieses doofe ›Mahlzeit‹ auf dem Gang.«

18.30 Uhr. Patrick fährt platt, ausgelaugt und ziemlich frustriert nach Hause. Auf dem Weg steigt er noch kurz am Waldrand aus und geht ein paar Schritte. Er möchte den Tag aus seinem Kopf bekommen. Die Radfahrer stören ihn. Meine Güte, wie kann man abends nur so fit sein?

WAS FÜR EIN LEBEN! ☺

6.00 Uhr. Patrick steht auf. Mit ihm seine Söhne Leon, Laurenz, Justus und seine Frau Alexandra. Großartig, denkt Patrick. Die gemeinsamen Momente kurz nach dem Aufstehen geben ihm sehr viel.

7.45 Uhr. Auf dem Weg zur Arbeit kommt die Sonne raus. Patrick genießt die Sonnenstrahlen, die sich heute wohl nicht allzu lange zeigen werden. Umso schöner ist es, wie sie sich gerade in den Wipfeln der Bäume brechen. Patrick freut sich auf die Aufgaben des Tages und seine Kollegen. Er hat große Lust, den Tag anzugehen und loszulegen.

18.30 Uhr. Patrick ist beim Radfahren im Wald. Er liebt diesen Takt beim Radeln, den eigenen Flow, wenn er über Kopfhörer klassische Musik hört. Patrick radelt gerne unterschiedliche Wege. An manchen Tagen fährt es sich leicht, an anderen eher nicht. Auf den letzten Metern zeigt er stets seinen Kampfgeist. Er freut sich auf die Dusche danach und auf die Familie. Und danach will er noch mit seinem Neffen in Australien skypen.

MERKE: WIE DU DEINEN TAG ERLEBST, HÄNGT VOR ALLEM DAVON AB, WIE DU DIE DINGE IM AUSSEN BEWERTEST.

NEULICH AN DER AMPEL

Die Fußgängerampel zeigt auf rot. Ich bin spät dran heute und auch noch ziemlich genervt. Ich grolle leise vor mich hin: »Schei ...! Komm schon, jetzt schalt endlich auf Grün. Verdammte Ampel. Jeden Morgen der gleiche Mist. Ich hab's eilig! Wer hat die Rotphasen eigentlich so unglaublich lang gemacht ...?«

»Ey, Alter, warum bist du so aggro drauf?« Neben mir steht ein kleiner Junge mit Schulranzen, nicht älter als 12 Jahre. Er lächelt mich an. *»Ihr seid morgens immer schon so scheiße drauf, ihr Alten. Also, ich blick das nicht.«*

Die Ampel wird grün, der Junge lächelt immer noch. Kinder lächeln am Tag bis zu 400-mal. Und Erwachsene?

LIEBE DAS, WAS DA IST

Worte (»Scheiße«) werden zu Gedanken (»Scheißtag«). Gedanken werden zu Bewertungen (»...diese Scheißfirma!«). Und das alles kann nicht zuletzt in eine entsprechende Lebenseinstellung münden (»Scheißleben«).

Wir verallgemeinern (»Alles Mist. Schon wieder ich.«), nehmen Kritik persönlich (»Du kannst mich mal ...!«), haben Angst vor dem Kontrollverlust (»Ich muss gerade tausend Bälle in der Luft jonglieren«) oder neigen zur Übertreibung (»Jeden Tag ein Länderspiel.«).

Düstere Gedanken können im Gehirn zu einer Art Perpetuum mobile werden. Ein erster Schritt zur inneren Gelassenheit ist, solche Gedanken bewusst wahrzunehmen. Beobachte sie. Sieh dir dein inneres Erleben aus der Vogelperspektive an. Werde Beobachter all dessen, was da in dir abgeht und übersetze es: »Ich hasse es so sehr«, »Scheiße!« oder »Das ist ja zum Kotzen!« kannst du übersetzen in: »Aha. Spannend, was sich da gerade tut!« oder: »Das ist ja sehr interessant!« oder »Ich könnte es tatsächlich lieben!«. Gönn dir dabei ruhig eine Portion Ironie. Ironie bringt Abstand. Auf diese Weise kannst du mit grolligen Gedanken gleich ganz anders umgehen. Sie zu wenden, das Gegenteil zu denken, ist manchmal schon der entscheidende Schlüssel zu einem anderen Umgang mit sich selbst.

In alten Denkmustern fehlt uns häufig dieser Abstand und damit die Handlungsfähigkeit. Wir hängen in einer Spirale der Selbstreflexion fest, in der wir uns ohnmächtig und wütend fühlen. Schieb diese Empfindungen nicht von dir weg. Denn wenn du deine Themen mit faltiger Stirn verdammst oder verdrängst, dann kämpfst du gegen dich selbst und dein Kopf kreist immer wieder um die gleiche Fragestellung. Weite dein Blickfeld. Entscheide dich ganz bewusst für ein »Ja« zu dem, was momentan ist. Du kannst dir zum Beispiel sagen: »Dieser Druck in mir und die Verzweiflung dürfen JETZT sein. Ich bin bereit, das bewusst wahrzunehmen und zu fühlen!« Das Beobachten und Wahrnehmen öffnet den Weg für eine Veränderung deines Zustands. Tritt zur Seite und schau dir deine Gefühle aus der Vogelperspektive an. Erkenne sie als Aufgabe, Herausforderung oder Wachstumsmöglichkeit. Erst wenn wir annehmen können, was da ist, öffnet sich der Weg zur Gelassenheit.

GLAUB NICHT, WAS DU DENKST

Sprache ist nicht nur Kommunikation nach außen (»ich rede und werde gehört«), sondern überwiegend ein innerer Prozess (»ich denke meine Gedanken«). Jeden Tag denken wir etwa 50.000 bis 60.000 Gedanken – nur für uns selbst.

Der bereits erwähnte Kommunikationswissenschaftler Friedemann Schulz von Thun nennt die Stimmen in unserem Kopf unser »Inneres Team«. Die Mitglieder des Teams sitzen quasi als Vertreter unserer inneren Regierung um einen runden Konferenztisch, unterhalten sich und versuchen, ihre Ziele durchzusetzen. Und wie im äußeren Leben ist dieses innere Team oft zerstritten. Einige Anteile verstehen sich, andere sind Konkurrenten. Angesichts eines anstrengenden und komplexen Projekts sagt beispielsweise:

· Der Mutige: »Wow, das will ich weiter ausprobieren.«
· Der Abenteurer: »Hey, ich bin so gespannt, was mich da noch alles erwartet.«
· Der Bequeme: »Geht doch eigentlich auch ohne diesen Stress ...«
· Der Überarbeitete: »Mist. Auch das noch. Ich kann
  einfach nicht mehr.«
· Der Gehetzte: »Hoffentlich wird das bald mal was!«
· Der Zweifelnde: »Puuuh, ist das nicht insgesamt eine
  Nummer zu groß für mich?«
· Der Angsthase: »Oh, Gott, das hab
  ich ja noch nie gemacht ...«
· Der Nüchterne: »Bleib bei den
  Fakten!«

Diese innere Stimmenvielfalt ist keine psychische Störung, sondern normal und durchaus hilfreich. Denn ein inneres Parlament trägt mehr Weisheit in sich, als eine einzelne laute Stimme. Das kann uns vor Fehlentscheidungen bewahren.

Doch manchmal gewinnt im Parlament sozusagen die »Partei der Übellaunigen« die Oberhand. Aus immer gleichen Phrasen weben wir dann einen Schleier aus Ansichten und Bewertungen, der uns daran hindert, uns selbst und die Welt unvoreingenommen wahrzunehmen. Dieser Schleier schiebt sich zwischen uns und den natürlichen Rhythmus des Lebens. Wir grenzen uns ab, gehen auf Distanz, vermeiden Nähe. Mit den Jahren kann aus dem Schleier – wenn wir ihn nicht irgendwann auflösen – eine dichte Wolkendecke werden. Dann braucht es gezielte Gegenmaßnahmen wie die, von denen ich im nächsten Kapitel erzähle.

MEIN TIPP: VIELE MENSCHEN VERSTEHEN IHR STIMMENGEWIRR IM KOPF LEICHTER, WENN SIE DIE BOTSCHAFTEN IHRES INNEREN PARLAMENTS AUFSCHREIBEN. WER SPRICHT DA UND WER SIND DIE MEINUNGSFÜHRER?

Wenn wir durch unseren Alltag laufen, die Dinge wie üblich denken, aus der Gewohnheit heraus erledigen und nicht hinterfragen, dann leben wir nach einem Programm, das wir nur sehr schwer kontrollieren können. Wir agieren und reagieren aus unserem Unterbewussten. Unser Handeln basiert auf den Mustern und Erfahrungen unserer Vergangenheit. Auch da, wo wir es eigentlich längst besser wissen und uns lieber anders verhalten würden.

Wie können wir diese alten, überholten Programmierungen ändern? Mit einem äußerst simplen Trick: Mit Affirmationen (=Bejahungen, Zustimmungen oder Leitsätze).

Im Grunde sind Affirmationen eine sehr alte Technik. Sie funktionieren ähnlich wie das regelmäßig wiederholte »Amen« im Gebet. Regelmäßig wiederholte Glaubenssätze wandern tief in die neuronalen Vernetzungen deines Gehirns. Positive wie negative. Du kannst dir daher neue, positive Leitsätze auswählen. Wenn du sie häufig genug wiederholst, legt dein Gehirn über den alten Trampelpfaden neue Wege an, die deine alten, lähmenden Denkmuster und Weltanschauungen überschreiben. Auf diese Weise wird aus alten Mustern der Anspannung und der Getriebenheit irgendwann Ruhe und Gelassenheit. Denn du hast deine neue Überzeugung tief in dein Unterbewusstsein geschrieben. Als Menschen haben wir die Macht darüber, welche Gedanken uns beherrschen.

Eine Möglichkeit, dein mustergeprägtes Denken sukzessive zu überschreiben, ist, die Dinge einfach ins Gegenteil zu verkehren. Ja, lach nicht. Denk genau das Gegenteil! Die Jamaikaner machen es uns vor. Dort gibt es keine Probleme, es gibt nur »Situationen«. Falls am Strand mal kein Kapitän für den Bootsausflug bereitsteht, dann legt man sich eben unter die Palme und hofft auf morgen. So kannst du auch mit deinem Denken verfahren. Aus »Alles Mist!« kannst du zum Beispiel »Ich liebe das! « machen. Ruhig mit einem Schuss Ironie.

Wenn ein Problem auftritt, sag statt »Ich kann es nicht mehr ertragen« einfach »Ja, gebt mir mehr davon«. Diese Umkehrung, öfter angewandt, wirkt tatsächlich Wunder. Überzeichne wie ein Satiriker. Du darfst dabei gerne ein völliges Desinteresse für die Realität entwickeln, solange dir die Umwidmung den Abstand zum Geschehen schenkt, der dich in der Situation anders reagieren lässt. Denk das Gegenteil, aber bitte positiv formuliert, auch wenn es noch so absurd klingen mag. Ein Beispiel: Sag dir statt »Sind die hier eigentlich alle nur noch irre?« einfach »Ich kann diese besonderen Menschen einfach lieben, alleine schon wegen der sonst langweiligen Tage«.

Wiederhole diese für dich wichtigen Sätze häufig. Nach dem Aufstehen, in der Mittagspause, auf dem stillen Örtchen. Es mag ein paar Wochen dauern, doch allmählich löst du damit das Problemdenken in deinen Neuronal-Strukturen auf und ersetzt den Grauschleier mit einer lichten Wirklichkeit.

Die folgenden Affirmationen haben sich in angespannten Situationen und Umgebungen besonders bewährt:

· Ich bin glücklich und frei.
· Ich sage Ja zum Leben und habe allen Grund, gelassen zu sein.
· Ich kann alle Dinge jederzeit anders lösen.
· Das Leben gibt mir alle Dinge zur rechten Zeit.
· Ich umgebe mich mit Menschen, die mir guttun.
· Ich glaube, dass mir das Leben nur das schenkt, was ich bewältigen kann.
· Ich bin Leichtigkeit, Liebe und Lachen.
· Ich entspanne mich, bin einfach jetzt und hier.
· Alles hat die Bedeutung, die ich ihm gebe.
· Ich liebe jeden einzelnen Moment.
· Ich öffne mein Herz und strahle für die Welt.
· Ich bin die Kraft, die meine Welt zum Leuchten bringt.
· Ich weiß, dass meine Zukunft sehr friedvoll ist.
· Ich lasse los und lasse Gott.

Du kannst dir aus dieser Liste einfach eine passende Affirmation aussuchen. Oder eigene Affirmationen für dich finden (mehr dazu im nächsten Kapitel). Wichtig ist dabei, dass deine Affirmationen eine positive und lebensbejahende Aussage in sich tragen. Nutze deine Affirmation, so oft du kannst.

TIPPS FÜR GUTE LEITSÄTZE

Für eine journalistische Recherche besuchte ich vor einigen Jahren die Justizvollzugsanstalt in Köln-Ossendorf. Von den Gesprächen, die ich mit den Häftlingen führen konnte, ist mir vor allem das mit Ayse in Erinnerung geblieben. Die junge Frau wollte ihre kriminelle Vergangenheit unbedingt hinter sich lassen. Zum nachhaltigen Umdenken nutzte sie damals ihre sogenannten »Leitsätze«. Ihr Leitsatz, ihre Affirmation war seinerzeit: »Ich bin ab sofort ein anständiger Mensch!« Nach meinen Recherchen hat sie es tatsächlich geschafft.

Wenn du in den kommenden Wochen auch mit Affirmationen arbeiten willst, dann möchte ich dir ein paar Tipps mit auf den Weg geben.

Unser Unterbewusstsein ist vergleichsweise simpel strukturiert. Mit Verneinungen kann es nicht viel anfangen. Es denkt – wie schon beschrieben – nur in ganz konkreten Bildern und Emotionen. Es benötigt daher präzise und vor allem positive Formulierungen, um in die richtige Richtung zu denken. Daher gilt es, Worte wie »nicht«, »kein«, »eigentlich« oder »vielleicht« zu vermeiden.

Beispiel 1:
»Im Grunde sollte ich nicht mehr dort arbeiten.«
Wer »im Grunde« oder »sollte« oder »sollte vielleicht mal« sagt, der signalisiert sich selbst, dass keine Dringlichkeit besteht – und lädt sein Hirn zum Verweilen ein.
Wirkungsvoller geht es so: »Ja, ich finde den Job, den ich liebe.« Hintertüre zu, Ziel definiert, Entscheidung getroffen.

Beispiel 2:
»Ich komme demnächst nicht mehr mit so viel Anstrengung ans Ziel!«
Mit »demnächst«, dem Wort »Anstrengung« und der verneinenden Formulierung bekommt der Gedanke etwas Schweres. Eine Affirmation sollte dich

mit Kraft versorgen, aufladen, motivieren und erfrischen. Wenn der Alltag mal wieder »gemein« zu dir war, schenkt dir deine Affirmation neue Kraft, wie ein tiefer Schluck sauberes, sprudelndes und klares Wasser.

Besser ist also beispielsweise: »Mit Gelassenheit erreiche ich meine Ziele!«

Was sich aus dem Bauch heraus gut anfühlt, hat die richtige Kraft für dich. Es sollte ein Gedanke sein, der dich wie ein Sonnenstrahl leitet. Ein Satz, der deine Seele berührt.

Wiederhole ihn regelmäßig in der Frühe und am Abend für jeweils ein oder zwei Minuten. Und jederzeit zwischendurch. Durch die Wiederholung werden die synaptischen Verbindungen in deinem Kopf, in deinem Unterbewussten neu angelegt. Irgendwann ist die Wahrnehmung in deinem Unterbewussten dann eine andere. Und du wirst feststellen, wie sich auch deine Wahrnehmung im Außen verändert. Du merkst, du kannst dich deutlich souveräner einem Konflikt stellen, du kannst die Gegebenheiten besser akzeptieren, dich stören bestimmte Menschen oder eine Situation nicht mehr. Schon nach wenigen Wochen haben sich die Sichtweisen und Eigenschaften in deinem Unterbewussten verändert.

Übungen jeglicher Art, auch geistiges Training, zeigen vor allem dann Erfolg, wenn sie zur Routine werden. Über die Wiederholung wandern sie tief in die neuronalen Vernetzungen deines Gehirns. So bilden sich neurologisch betrachtet neue Lernmuster. Das wurde in zahlreichen neurowissenschaftlichen Studien nachgewiesen. Im nächsten Kapitel erfährst du, welche enorme Wirkung ein einziger Satz entfalten kann.

DANN IST DAS JETZT SO

Mein Freund und Kollege, der Autor, Trainer und Zauberer Klaus-Peter Pfeiffer aus Köln, ist auf einem Auge blind und hat auf dem anderen ein Sehvermögen von gerade einmal 10 Prozent. Dennoch steht er auf der Bühne, hält Vorträge, gibt Seminare und begeistert seine Zuhörer. Das alles tut er mit einer Souveränität, von der sich manch ein Kollege noch etwas abschauen könnte.

Für dieses Buch hat Klaus-Peter aufgeschrieben, wie ein einziger Satz einen Wendepunkt seines Lebens darstellte: »Haben Sie schon mal erlebt, dass ein Wort oder Satz Sie völlig verändert hat?

Sigmund Freud hat gesagt, Sprache hat Zauberkraft. Durch Worte kann ein Mensch den anderen selig machen oder zur Verzweiflung treiben.

Fast ein Jahrhundert später schrieb der vietnamesische Buddhist Thich-Nhat-Hanh: ›Ein Wort kann das Leiden der anderen verringern, ihnen Freude bringen und die Tür zur Befreiung öffnen.‹

Mir ist das passiert, vor 20 Jahren. Es war ein einfacher Satz, der mein Leben völlig veränderte und seine Kraft bis heute nicht verloren hat. Bevor ich Ihnen diesen Zaubersatz verrate, will ich Ihnen erzählen, wie es dazu kam.

Als ich drei Jahre alt war, bekam ich einen Gehirntumor, doch er wurde zunächst nicht erkannt. Auf dem Röntgenbild war er zwar zu erkennen, doch der Arzt bemerkte ihn nicht. Meine Eltern pilgerten mit mir von einem Arzt zum anderen, aber keiner konnte helfen. Als es mir ganz schlecht ging, schaute sich der Neurochirurg Peter Röttgen die Bilder an, sah den Tumor und ordnete sofort eine OP an. Es war eine Operation auf Leben und Tod. Das Leben hat gesiegt. Der Preis dafür war, dass ich fast meine gesamte Sehkraft einbüßte. Eine Narbe blieb zurück, die jetzt – wo ich weiser werde, sprich mir die Haare ausfallen – langsam sichtbar wird.

Vielleicht kennen Sie das von Harry Potter. Eine Narbe begleitet einen das ganze Leben und tut oft weh. Wenn der dunkle Lord wieder etwas Böses ausbrütet, dann tut sie sehr weh. So ist es bei mir auch. Aber daran kann man sich gewöhnen.

Vor 20 Jahren fing die Narbe jedoch an zu nässen. Flüssigkeit trat aus und die alten, längst überwunden geglaubten Ängste tauchten wieder auf. Was ist mit dem Kopf? Wieder ein Tumor? Röntgenbilder wurden gemacht. Man fand nichts. Sollte sich die alte Geschichte wiederholen? Der Neurochirurg empfahl, mir die Haare 14 Tage lang nicht zu waschen. Es war Sommer, es war heiß, ich trieb Sport. Aber ich hielt durch. In der zweiten Woche nahm mein Sozialleben rapide ab. Die Narbe nässte weiter.

Der Arzt sagte zu mir: Schauen Sie, Sie haben in Ihrem Kopf eine Menge Narbengewebe. Von der OP ist auch ein Stück Metall drin. Das ist ganz normal nach so einem Eingriff. Ich schlage vor, wir machen den Kopf auf, nehmen ein Stück Knochen raus und entfernen das ganze Narbengewebe. Dann muss das heilen. Das heißt, Sie müssen 3 - 6 Monate einen Hut tragen, da Ihnen eine Ecke im Kopf fehlt. Wenn das innen verheilt ist, setzen wir den Knochen wieder dran. Das müsste das Problem mit dem Nässen beheben.

Ich war am Boden zerstört. Es war mir, als ob mir mein Leben abhanden gekommen wäre, einfach nur gruselig. Wenige Tage später musste ich zu einer Konferenz nach Zürich. Ich überlegte, wie ich meinem geschundenen Körper etwas Gutes zu tun und mir in dieser Finsternis einen Lichtblick verschaffen könnte. Ich stieß durch Zufall auf ein Massageinstitut in Zürich, das Institut The Centre, ein Ableger des berühmten Esalen-Instituts in Kalifornien. Dort wurde eine spezielle Massageform weiterentwickelt, die ursprünglich bei traumatisierten Vietnam-Soldaten eingesetzt wurde. Ich buchte eine solche Massage. Die Massagetherapeutin fragte mich: Wo kommst du her? Gibt es irgendetwas, auf das ich achten muss? Ich erzählte ihr, dass mir eine schwere OP bevorstand. Darauf sagte sie: ›Dann ist das jetzt so.‹ Ein Satz, der nicht banaler und trivialer sein konnte. Dass es jetzt so ist, wusste ich ja selbst. Das war ja das Dilemma! Doch dieser Satz rührte in mir etwas an, was mein Denken komplett veränderte. Ich war nicht mehr auf eine imaginierte glückliche Zukunft fokussiert, die ich nie haben würde. Ich war aber auch nicht mehr mit der schrecklichen Zukunft beschäftigt, die mir bevorstand. Ich war in der Gegenwart, im Hier und Jetzt. Im Englischen heißt Gegenwart ›present‹. ›Present‹ heißt aber auch: Geschenk. Und das war es!

Ich kam wieder in meinem Leben an. ›Dann ist das jetzt so‹, befähigte mich zu akzeptieren, was war. Das musste ich nicht gut finden, natürlich nicht. Aber es war mein Leben. Ich konnte akzeptieren, dass es so war, wie es war. Ich war plötzlich wieder der Held meines Lebens, ein tragischer Held gewiss, aber ein Held.

›Dann ist das jetzt so.‹ Darin lag Zauberkraft. Noch heute denke ich oft daran, wenn ich mit etwas hadere, mit einer Situation, Menschen, mit mir selbst. ›Dann ist das jetzt so.‹ Es befreit mich und ich höre auf, gegen etwas zu kämpfen, was ich nicht ändern kann.

Ich habe erst Monate später verstanden, was damals in Zürich passiert ist. Ich konnte mich leider nie bei dieser Massagetherapeutin bedanken. Als ich das nächste Mal in Zürich war, war sie nicht mehr da. Und ihren Namen kenne ich nicht. Wer weiß, vielleicht hört sie von dieser Geschichte und erinnert sich, was sie mit einem schlichten Satz verändert hat. Vielleicht hilft dieser magische Satz auch Ihnen – oder auch nicht. ›Dann ist das jetzt so.‹

Ach so, noch etwas. Es ist nicht wirklich wichtig, aber Sie wollen vielleicht wissen, wie das mit der OP weiter ging, wie ich den Eingriff überstanden habe. Das wäre eine neue Geschichte. Nur: diese Geschichte gibt es nicht. Seit jenem Tag in Zürich hat die Narbe nie mehr genässt.«

DIE INNERE HALTUNG IST ENTSCHEIDEND

Stell dir vor, dein Todeszeitpunkt stünde bereits fest, und du wüsstest, du bist schon in wenigen Tagen oder Wochen nicht mehr unter den Lebenden. Vermutlich würdest du so etwas wie eine persönliche Lebensbilanz für dich ziehen und dir eine Menge Fragen stellen. Vielleicht würdest du sogar gerne für deine Angehörigen, Nachkommen oder Schüler eine Art geistigen Nachlass erstellen wollen, um ihnen zu vermitteln, was du für dich als wertvoll erkannt hast.

Im September 2007 tat der Uni-Professor Randolf Frederick Pausch genau das. Er hielt an der Carnegie Mellon in den USA seine »last lecture«, eine fast 90-minütige Abschiedsvorlesung. Er nannte sie »Kindheitsträume verwirklichen«. Randy Pausch, gerade mal 46 Jahre jung, hatte Krebs im Endstadium. Er war bei seinen Studenten äußerst beliebt, vor allem wegen seiner selbstironischen Art. Ein TV-Reporter, der ihn vor der Veranstaltung fragte, ob er Weihnachten noch erlebe, bekam die Antwort: »Die Chancen stehen etwa 50:50«. Auf die Frage, ob er damit rechne, in etwa zehn Monaten den Vatertag mit seiner Familie verbringen zu können, meinte er nur trocken, dass man ihm dafür keine Geschenke mehr besorgen solle. Dann erzählte er vor der versammelten Presse mit einem Grinsen, dass er sich trotzdem noch den neuesten Apple Computer gekauft habe. Ein großer Lacher.

Nach der Grundregel der Kommunikation »Vermeide unnötige Fragezeichen bei deinen Zuhörern« erklärte Randy Pausch gleich zu Anfang klar und deutlich: »In wenigen Monaten wird der Krebs mich besiegt haben.«
Und dann erzählte er, wie er seine Kindheitsträume verwirklicht hatte. Er zeigte Absageschreiben, die er auf frühere Bewerbungen erhalten hatte und schlussfolgerte: »Rückschläge erinnern dich daran, was du wirklich willst.« Er erzählte seinen Zuhörern von Streit und Frust im Umgang mit Kollegen: »Sei geduldig mit anderen, irgendwann werden sie dich überraschen und beeindrucken.«

Misserfolge im Leben? »Erfahrung ist das, was du bekommst, wenn du nicht bekommen hast, was du wolltest. ... Mauern sind dazu da, Leute abzuhalten, die etwas nicht dringend genug wollen.« Eltern forderte er auf: »Wenn eure Kinder ihre Zimmerwand anstreichen – lasst sie. Entspannt euch einfach. Es macht sie kreativer.«

Ein gutes Jahr später starb Randy Pausch an den Folgen seiner Krankheit. Das Video seiner letzten Vorlesung habe ich mir seither viele Male bei Youtube angeschaut. Keine Betroffenheit, kein Selbstmitleid, keine Tränen. Es baut mich in dunklen Momenten auf, lässt mich Leiden besser ertragen, holt mich auf den Boden der Tatsachen zurück. Ich habe daraus gelernt: Die innere Haltung ist entscheidend. Und: Ohne Ziele ist alles nichts. Deswegen ...

BEGINNE JETZT!

Kennst du das Buch »1000 Places to See Before You Die«? Es geht um jene 1000 Orte, die man nach Ansicht der Autoren gesehen haben sollte, bevor man irgendwann von dieser Welt geht. Dazu zählen die Niagara-Fälle an der Grenze zwischen Kanada und den USA, der weltberühmten Ayers Rock und ein angeblich legendärer Hotdog-Stand in Chicago.

Hast du auch solche Reiseziele, die du schon lange auf deiner Wunschliste hast? »Ja«, sagst du nun vielleicht. »Da würde ich schon gerne mal hin. Aber ich kann das eh nicht alles schaffen. Und außerdem kann ich das ja später im Leben noch alles machen.«

Doch die Wünsche, Sehnsüchte und Emotionen, die du nicht gelebt hast, können dich irgendwann wieder einholen. Je stärker du deine Träume, Ängste oder Wünsche ignorierst, umso intensiver werden sie sich irgendwann zeigen. Die Zeit rast. Von Lebensjahr zu Lebensjahr schneller. Schule, Ausbildung, Studium, Beziehung, Ehe, Beruf, Kinder ... Und irgendwann, ja, irgendwann hattest du viele Träume – und wenig davon in die Tat umgesetzt. Das kann bitter sein. Schreib hier einfach mal deine persönlichen Wünsche auf. Ein klares Ziel ist die Kraft, die das Tor zur nächsten Runde deines Lebens aufstößt. Frag dich:

· Was bereitet mir Spaß und Freude? Was treibt mich an?
· Was will ich im Leben unbedingt noch machen? Was ist meine größte Sehnsucht? Was ist mein größter Wunsch?
· Für was stehe und lebe ich? Wem kann mein Leben dienen?
· Welchen Sinn und welche Qualität könnte mein Leben haben?
· Mit welcher inneren Haltung möchte ich dem Leben begegnen?
· Mit welchen Ereignissen der Vergangenheit möchte ich Frieden machen?
· Wem könnte ich noch verzeihen, um die Wut in mir loslassen zu können?
· Was kann ich gedanklich oder materiell loslassen, um frei zu sein?

· Was will mein Herz wirklich?
· Wenn sich meine Träume erfüllen würden, dann…

Ist es dir unangenehm, dich mit diesen Fragen zu befassen? Wenn es um unsere tiefsten Sehnsüchte, Wünsche oder Ziele geht, werden wir oft ganz hilflos und möchten die Gedanken daran deshalb ganz schnell wieder beiseiteschieben. Dabei können diese Gefühle und Gedanken dir helfen, mehr Klarheit über dich zu gewinnen. Wenn du dich diesen Gedanken zuwendest und ihnen Raum gibst statt sie zu verdrängen, kommst du mit ein wenig Glück auch an deine Ressourcen. Das sind jene Energien, Begabungen und Kräfte in dir, die – wenn du sie entfesselst – eine immense Energie freisetzen können.

Möchtest du unbedingt mit dem Motorrad eine Weltreise machen? Oder mit Delphinen schwimmen, durch das australische Outback wandern? Möchtest du ein Buch schreiben, eine Nacht auf einer einsamen Insel schlafen, sterbenskranken Kindern einen besonderen Wunsch erfüllen oder einfach nur Zeit für dich haben …? Dann mach es. Und denk nicht gleich wieder »Ja, aber«.

Nimm dir jetzt einen Stift und schreibe deine Wünsche und Ziele ohne viel Nachdenken auf, um deinem inneren Zensor wenig Spielraum zu geben. Und dann lies dir durch, was du geschrieben hast. Und dann begib dich auf den Weg. Sonst wirst du eines Tages aufwachen und es wird dir keine Zeit oder Kraft mehr bleiben – für all die Dinge, die du ein Leben lang vor dir hergeschoben hast.

MEIN TIPP: WENN DU ETWAS WIRKLICH WILLST, DANN BEGINNE ES JETZT. ES IST SELTEN ZU SPÄT FÜR ETWAS, DAS MAN SICH WIRKLICH WÜNSCHT.

MEIN SEELENKELLER: DIE MACHT DES UNTERBEWUSSTEN

Doch woran liegt es, dass wir unsere Träume nicht schon längst verwirklicht haben? Um diese Frage zu beantworten, machen wir jetzt einen kleinen Abstecher in das Unterbewusstsein, unseren Seelenkeller. Denn hier sitzt die stärkste Triebkraft unseres Verhaltens.

Es ist erwiesen, dass Geschäfte dreimal so viel französischen Wein verkaufen, wenn im Hintergrund französische Musik läuft. Wissenschaftler konnten nachweisen, dass alles, was uns Menschen an den Tod und das Sterben erinnert, gehorsamer macht. Und dass ein Bildschirmschoner mit Dollarzeichen dafür sorgt, dass Menschen stärker auf ihre eigenen Vorteile bedacht sind.

Die Wissenschaft geht davon aus, dass der allergrößte Brocken unseres Bewusstseins (ca. 95 %) unter der Oberfläche schlummert. Nur ein geringer Anteil (also ca. 5 %) ist uns wirklich bewusst. Du kannst die Kraft des Unbewussten schnell erahnen, wenn du mit dem Rauchen aufhören möchtest. Oder wenn du endlich mal wieder Sport machen willst, nachdem du das Thema schon ewig vor dir herschiebst. Das Unterbewusste ist die eigentliche Machtzentrale in unserem Kopf. Unser Seelenkeller speichert unablässig Erfahrungen ab, die unser Handeln im weiteren Verlauf des Lebens ganz maßgeblich bestimmen. Schon als Kind werden viele Menschen durch ihre Erziehung oder die Lebensumstände gezwungen, einen Teil ihrer Seele in den Untergrund zu verbannen. Weil ein Teil von uns nicht angenommen wird oder nicht gelebt werden kann, spalten wir ihn ab und schließen ihn sozusagen in unserem Unterbewusstsein weg. Und von dort steigen diese unterdrückten Wünsche, Sehnsüchte oder Nöte jedoch immer wieder an die Oberfläche – wie Luftblasen aus einem unterirdischen Speicher.

Diese untergründigen Strömungen, diese innere Macht schickt uns zeitlebens auf die Suche nach unserer Lebendigkeit. Dort im Verborgenen liegt die Kraft, die uns unsere ureigenste Persönlichkeit geben würde, wenn sie nur leben dürfte.

Das Unterbewusstsein ist das Fundament, auf dem unser Sein ruht. Es enthält traumatische Erlebnisse, Triebe, Instinkte, Konflikte, Blockaden, Bremsklötze und unsere verdrängten Ängste. Doch auch große Potenziale, Chancen und Ressourcen.

Wer Teile dieses Unbewussten zugänglich machen und für sich nutzen kann, gewinnt Kraft und Gelassenheit und findet mehr zu sich selbst. Dabei hilft beinahe jede professionelle Spiegelung von außen durch Feedback, Supervision, eine Gesprächs- oder Psychotherapie.

Vieles kann man jedoch auch durch ehrliche Reflektion des eigenen Verhaltens erkennen. Zum Beispiel wie wir uns in den verschiedenen Rollen unseres Lebens verhalten. Darum geht es im nächsten Kapitel.

DIE ROLLEN UNSERES LEBENS

Wenn mir jemand im Coaching-Termin von Problemen auf der Arbeit, in der Familie, einer Gruppe oder seinem Umfeld erzählt, male ich mir stets ein Bild von der Situation oder des Systems. Die Menschen um mich herum kennen das schon. Ich habe fast immer ein Blatt Papier vor mir liegen, und wenn ich etwas nicht verstehe, kritzel ich los. Ich zeichne dabei nur das, was ich jeweils verstanden habe. So wird mein Bild von Minute zu Minute präziser. Oft erkennt mein Gegenüber dann anhand dieser Skizze gewisse Zusammenhänge, durchschaut Blockaden, entlarvt Energieräuber, und entdeckt Möglichkeiten oder Spielstränge, ohne dass ich viel dazu sagen muss.

In diesem Sinne haben wir auf der folgenden Doppelseite eine zeichnerische Umgebung für dein aktuelles Leben geschaffen und ein paar Wölkchen dazu gemalt. Darunter kannst du dich gerne als Strichmännlein oder -weiblein verewigen und am besten auch deinen Namen drüber schreiben. Daneben kannst du alle deine bisherigen Rollen auflisten. Wer oder was bist du? Mutter, Vater, Tochter, Sohn, Bruder, Schwester, Freund, Freundin, Mitarbeiter, Chefin, Maler, Schrauberin, Jogger, Tüftlerin, Sänger, Bastlerin, Wanderer, Musik- oder Film-Fan, Vereinsvorsitzende, Geschäftsmann, ...?

Nun sieh dir deine Zeichnung mal in aller Ruhe an. Das alles bist DU. All diese Rollen hast du in deinem Leben inne. Sie fordern dich, sie geben dir Kraft, nehmen dir Energie, stehen für deine Möglichkeiten und deine Talente. Da unsere Rollen im Leben verschieden und teils sogar widersprüchlich sind, wirst du manche mehr mögen, andere weniger. Mit ein wenig Farbe kannst du nun mehr Klarheit in das Bild bringen. Mit einem grünen Farbstift kennzeichnest du vielleicht all die Aufgaben und Rollen, die du gerne ausfüllst. Mit einem roten umrandest du die Rollen, die dich überfordern, dir Energie rauben oder keine Freude (mehr) machen. Danach könntest du in Ruhe überlegen: Welche Anteile möchtest du behalten, welche eher nicht? Was möchtest du lieber loslassen, was möchtest du mitnehmen? Würdest du in Zukunft gerne andere Prioritäten setzen? Welchen Aufgaben und Freuden würdest du gerne mehr Zeit widmen? Um deine Zeichnung herum kannst du nun noch alle Antworten aufschreiben, die dir ganz SPONTAN zu folgenden Fragen und Satzanfängen einfallen. Bist du bereit? O.k., dann geht es jetzt los:

· Wie fühle ich mich in den einzelnen Rollen?
· In welcher Rolle habe ich Angst?
· In welcher Rolle gebe ich vor, jemand anderes zu sein?
· In welcher Rolle empfinde ich Wut, Trauer, Groll und Zorn?
· Welche Rolle macht mich aggressiv, hasserfüllt oder eifersüchtig?
· Wenn ich meine Wut mal zulassen würde, dann in der Rolle als ...
· In welcher Rolle hab ich das Gefühl, ständig mit Vollgas im ersten Gang zu fahren – ohne jemals anzukommen?
· In welcher Rolle muss ich mich mit viel Kraftaufwand schützen?
· Die größte Freude in meinem Leben erlebe ich in der Rolle als ...

Bitte grübele nicht zu lange darüber nach. Lass dein Gefühl sprechen. Wenn es geheime Sehnsüchte und Ängste gibt, von denen keiner etwas wissen soll, dann kannst du die Antworten mit kryptischen Kürzeln codieren. Du kannst dir diese Gedanken mit dem Smartphone abfotografieren und sie damit immer bei dir tragen. Wenn du Zettel liebst, mach einfach eine Kopie und stecke sie in dein Portemonnaie oder deinen Kalender. Lass deine Ängste, Sehnsüchte und Wünsche morgen oder übermorgen nochmals in Ruhe auf dich wirken.

DAS INNERE KIND MAL WIEDER SPIELEN LASSEN

Manche Aufgaben und Rollen in unserem Leben fühlen sich nach einigen Jahren mühsam und kräftezehrend an. Mit einem schweren Herzen verhält es sich wie mit einem großen Stein. Das absolute Gewicht ist weniger wichtig als wie lange ich ihn halte. Eine Minute ist vielleicht überhaupt kein Problem. Wenn ich ihn allerdings eine Stunde halten muss, wird mir vermutlich der Arm weh tun. Muss ich den Stein einen ganzen Tag lang halten, wird mein Arm irgendwann taub und verkrampft sein.

Eine kurzfristige Entfernung von unseren wahren Zielen ist überhaupt kein Problem. Doch nach einer Weile sollte man den schweren Stein ablegen und das innere Kind mal wieder spielen lassen. Das innere Kind ist eine unserer wichtigsten und oft am wenigsten gehörten inneren Stimmen. Wenn du genau in dich hineinhörst, ruft es vermutlich schon lange nach Aufmerksamkeit. Es möchte endlich mal wieder Gehör finden und einfach kindlich sein. So, wie es unserer menschlichen Natur entspricht.

Na, magst du endlich mal wieder spielen wie ein Kind? Dich an das Glück erinnern, was du in manchen Momenten als Kind empfunden hast? Für viele von uns war das Gras früher grüner, die Tage waren länger und die Nächte rochen nach Freiheit und Abenteuer. Bonbons waren süßer, Küsse und Umarmungen dauerten länger, Reisen und Begegnungen waren voller Wunder. Die ganze Welt war ein endloser Fluss, nicht mal der Horizont hatte eine Grenze. Wir wollten Eroberer oder Astronautin werden, Schauspielerin oder Profi-Fußballspieler, Model, manchmal auch Lokführer oder Erfinderin. Wir waren mutig, frech, zuversichtlich, wild und voller Ideen.

Doch dann kam die Schule. Talente und besondere Begabungen spielten keine Rolle mehr, das Wilde und Forschende wurde gezähmt und verbannt. Dann das Berufsleben. In der Welt der Erwachsenen sollten wir logisch denken, unsere Intuition ablegen, uns die Flausen aus dem Kopf schlagen, Verantwortung übernehmen. Alles drehte sich fortan um Pünktlichkeit, Systeme und Prozesse. Wir legten das Kindliche ab wie einen alten Hut. Viele von uns entwickelten sogar eine Aversion zum Kindisch-sein. Anders konnten wir es vermutlich kaum ertragen, unsere eigene Spielfreude und Intuition derart zu verleugnen. Als Erwachsene leben wir in einer vermeintlichen Komfortzone, doch meist haben wir darüber vergessen, was wir eigentlich im Leben wollten. Wir treiben durch das Meer der Möglichkeiten wie ein Schiff ohne Steuermann – hoffend, dass keine allzu großen Stürme aufziehen. Wir übernehmen die Routinen der Unauffälligen. Wir leben vor uns hin, doch wir erinnern uns vage, dass da noch etwas anderes, Lebendigeres war. In uns grollt es leise vor sich hin.

Erinnere dich: Wie war das damals? Wovon hast du geträumt? Was hat dich begeistert? Die eigene Kindheit oder Jugend gibt oft wichtige Hinweise darauf, was dich wirklich glücklich machen kann. Was wir damals geliebt oder bewundert haben, hat viel mit unseren wahren Sehnsüchten und Wünschen im Leben zu tun. Du kannst ihnen auch im Erwachsenenalter folgen. Wagst du es?

DIE KINDHEIT LEBT IN UNS WEITER

Nicht nur deine Sehnsüchte und Wünsche aus der Kindheit haben noch eine
große Bedeutung für dein Leben. Auch deine stärksten Überzeugungen und
Denkmuster kommen aus dieser Zeit. Ich möchte dich gerne zu einer kleinen
Zeitreise in deine Kindheit oder frühe Jugend einladen. Mit ein wenig Glück
kannst du dabei in wenigen Minuten recht klar sehen, woher deine Ansichten stammen, die stärkenden wie die hinderlichen. Wenn du einverstanden
bist, kann es direkt losgehen: Erinnere dich zum Einstieg, wie es in deinem
Kinderzimmer ausgesehen hat: Wo stand dein Bett, wo war der Schreibtisch,
wo hattest du das ein oder andere Geheimnis versteckt? Wie hat es in diesem
Zimmer gerochen? Welche schönen Momente hast du dort erlebt? Hast du
dich in diesem Zimmer wohlgefühlt? Konntest du dich in deinem Zimmer
sicher fühlen? Welche Situationen waren angenehm? Und welche waren unangenehm? Gab es ein Versteck für dich? Konntest du den Raum abschließen
oder hatten andere jederzeit Zutritt? Hattest du überhaupt dein eigenes Zimmer oder hast du den Raum mit deinen Geschwistern geteilt?

Bei mir steigen sogleich die ersten Bilder auf. Ich am Fenster, wo ich mit zwölf
heimlich geraucht habe. Die Musik aus dem Rekorder, die ich damals auf
Kassette aufgenommen habe. Meine Mutter, die ständig irgendetwas wegge-
worfen hat, es aber nicht zugab. Vielleicht geht es dir so ähnlich und du staunst,
wie präsent diese Eindrücke immer noch sind.

Schau dir die Bilder und Erinnerungen aus deiner Kindheit doch einen
Moment länger an. Welche Meinungen hast du in deiner Kindheit und Jugend gehört? Waren es lichte und hoffnungsfrohe Sätze wie »das Leben ist
toll, ein Ozean voller Möglichkeiten«. Oder hast du in deinem Umfeld eine
überwiegend ängstliche und bremsende Haltung im Sinne von »das kann aber
leicht schiefgehen« erlebt?

Manchmal waren es nur einzelne Sätze, die sich wie ein spitzer Pfeil in unser Bewusstsein gebohrt haben, Sätze wie

Du bist zu gar nichts gut.
Aus dir wird nie etwas werden.
Wie kann man nur so blöd sein?
Stinkfaul bist du.
Na, Dickerchen?!
Schämen muss man sich für dich.
Du hast ja zwei linke Hände.

Leider haben uns unsere Eltern oder Lehrer nicht immer wertschätzend behandelt. Manche der ausgesprochenen Gemeinheiten und Urteile sind bis heute geblieben. Sie haben dazu geführt, dass wir ein Leben lang an uns zweifeln. Aus den Verletzungen der Vergangenheit wurden dann Glaubensmuster wie ...

Das kann ich nicht.
Keiner mag mich.
Keiner hat Zeit für mich.
Die lachen über mich.
Ich bin völlig allein.
Daran kann ich ja sowieso nichts ändern.
Keiner will mein Freund sein.

Kennst du solche Sprüche aus deiner Kindheit? Vielleicht merkst du bei genauerem Hinspüren, dass die Botschaft immer noch Trauer, Wut, Angst, Beklemmung oder Resignation auslöst. Welche dieser Sätze wirken noch heute in dir? Welche derartigen Überzeugungen bestimmen heute noch dein Handeln? Wenn wir uns als Erwachsene wenig zutrauen, schüchtern und gehemmt sind, dann oft aufgrund solcher Erfahrungen. Die innere Stimme, die uns all diese Dinge immer wieder vorhält, wird auch der »innere Kritiker« genannt. Der innere Kritiker stellt ständig unser Selbstwertgefühl, unsere Selbstachtung und

Widiwidiwiesie mir gefällt

unser Selbstvertrauen infrage. Er macht uns übervorsichtig und schwach. Er meldet sich besonders bei Sinnkrisen oder Konflikten und er bestimmt die Art und Weise, wie wir auf Menschen und bestimmte Situationen reagieren.

Wenn wir die Überzeugungen der anderen loslassen, entsteht Raum für mehr Gelassenheit und Frieden in uns selbst. Indem wir uns von Verletzungen durch andere Stück für Stück befreien, können wir innerlich heilen. Und wenn du die Welt dann ab einem gewissen Punkt wieder ohne bremsende Fesseln betrachten kannst, wirst du wieder die ursprüngliche, lebendige Kraft in dir spüren, an die du dich aus deiner Kindheit erinnerst.

Auch unser brennendes Verlangen nach mehr, nach noch größerem Erfolg, nach maximaler Perfektion hat seine Wurzeln in den meisten Fällen in der Kindheit. Woher unsere Angst kommt zu scheitern, das erfährst du im folgenden Abschnitt.

DIE EIGENEN DAUMENSCHRAUBEN LÖSEN

Gibt es da eine rastlose Stimme in dir, die ruft: »Weiter, besser, perfekter, schneller. Mehr, noch mehr – du musst es richtig machen. Du bist nicht gut genug. Bleib nicht stehen, streng dich noch mehr an! Wenn du jetzt aufhörst zu kämpfen, gehörst du zu den Verlierern?«

Viele von uns haben schon in der Kindheit gelernt, Anerkennung, Bestätigung und »Liebe« durch Fleiß und gute Leistungen zu verdienen. Nur wenn wir dieses oder jenes »richtig« machten, erhielten wir Anerkennung und fühlten uns geliebt. Auf diese Weise haben wir gelernt, unseren Selbstwert von unseren »korrekten« und »präzisen« Leistungen abhängig zu machen. Dieses »Ich möchte um jeden Preis gefallen« haben viele von uns auch als Erwachsene beibehalten. Und so haben wir über die Jahre einen inneren Perfektionisten entwickelt, einen Antreiber und Richter. Dieser innere Antreiber versorgt uns mit Gedanken wie: »Ich darf keine Fehler machen. Ich möchte in diesem Projekt unbedingt glänzen. Sonst könnte ich zu den Verlierern gehören.« Unser Perfektionsdrang ist nichts anderes als der angstbestimmte Gegenpol zur Selbstakzeptanz.

Wenn du die Fahrtrichtung nicht irgendwann änderst, bremst das Leben dich aus, legt dich womöglich flach. Und das ist gut so, damit du zur Besinnung kommst.

Der Drang nach Perfektion ist das Gegenstück zur Selbstliebe. Der innere Drang nach Vollkommenheit wird irgendwann zur Einbahnstraße, in der das Wenden schwüriger wird. Wir schließen unsere Ursprünglichkeit, unsere wilde und kindliche Ader und unsere Gefühle weg, um besser zu funktionieren, nicht unangenehm aufzufallen, geliebt und anerkannt zu werden. Und im Job wählen wir eine möglichst nüchtern-rationale Sprache, um uns emotional rauszuhalten.

Je mehr wir jedoch versuchen, uns anzupassen, uns gedanklich unter Kontrolle zu bringen und zu behärrschen, desto deutlicher melden sich irgendwann unsere Ängste vor einem Kontrollverlust zurück. Erst wenn wir loslassen und die Kontrolle für eine Weile abgeben, empfinden wir plötzlich den lange vermissten Frieden und eine innere Ruhe.

Die gute Nachricht lautet: Du kannst dich aus diesem Selbstfolterprogramm befreien, aus dem Klammergriff des Perfexxionismus. Du kannst dich jederzeit neu entscheiden. Jetzt. In diesem Moment. Du kannst dir sagen: »Ich muss gar nichts müssen. Die Fehler, die ich mache, sind Bestandteil meiner Persönlichkeit und machen mich und meine Arbeit viel reizvoller als eine megaperfekte, hyperkorrekte und sterile Darbietung.« Wenn wir uns nicht auch mal verlaufen und neue Wege suchen, finden wir keine Abkürzungen. Und letztlich kannst du ohnehin immer nur so gut sein, wie du JETZT gerade bist.

Du kannst dir auch sagen: »So wie ich bin, bin ich gut. Ich bin von Geburt an gut, liebenswert und wunderbar und ich entscheide mich jetzt für die Selbstliebe. Ich bin einfach nur mit und bei mir und genieße das. Ich entscheide mich dafür, mir selbst das zu geben, was ich bis heute von anderen erwartet und eingefordert habe: Zuwendung, Aufmerksamkeit, Wertschätzung, Lob und Liebe.« Wenn du dir diese Wertschätzung nicht selbst schenkst, kannst du sie auch nicht wirklich von anderen annehmen. Übrigens: In diesem Kapitel habe ich gleich drei Fehler versteckt. Wer sie findet, darf sie behalten... ;-)

IN OR OUT OF THE BOX

Wer sich positive Gefühle vorenthält, spürt sich NEGATIV. Und für viele gilt: besser negativ als gar nicht. Eine negative Weltsicht ist ein beliebter Umgang mit Angst. Wer sich vorsichtshalber gegen alles abgrenzt und zynisch auf Abstand geht, hofft, dadurch seltener enttäuscht zu werden.

Die meisten von uns leben in solch einer kleinen Box, einer Schuhschachtel, die wir Leben nennen. Mal ist sie größer, mal ist sie kleiner. Wir haben die Wände dieser Box mit Regeln, Vorstellungen und Werturteilen beschrieben. Es sind Dogmen und Überzeugungen, wie die Welt unserer Ansicht nach zu sein hat. Und oft sind es die Gedanken und Glaubensgrundsätze anderer Menschen, die wir übernommen haben.

Doch der Mensch sehnt sich nach Freiheit, er möchte durchatmen und das Leben annehmen können – ohne Ängste, Sorgen und Zweifel. Und diese Muster der Vergangenheit hindern uns daran.

Möchtest du die Wände deiner Schuhschachtel mal vorsichtig herunterklappen? Möchtest du deine Box vielleicht im Laufe der Zeit sogar verlassen? Vorsicht: Du würdest damit die Grenzen deiner Wahrnehmung aufbrechen und deine bisherigen Glaubenskonstruktionen infrage stellen. Doch im gleichen Moment wärest du FREI. Dein Bewusstsein würde sich weiten – über die bisherigen Grenzen und Erfahrungen hinaus. Und du würdest erkennen, dass diese Schachtel eigentlich nie existiert hat, dass Menschen anders sind als bisher gedacht und es Möglichkeiten gibt, von denen du bislang keine Ahnung hattest.

Wenn du magst, kannst du hier einmal all das aufmalen, was dich im Alltag belastet und dir Kraft und Energie raubt. Ich habe für dich eine kleine Mülldeponie vorbereitet. Hier kannst du alles abladen, was du nicht mehr mit dir herumschleppen möchtest. Denk dabei nicht allzu lange nach. Lass einfach deine Gefühle, deine Intuition sprechen. Was lastet auf deinen Schultern? Welche Wände beschränken dein Denken? Welche negativen Spannungskurven ziehst du über den Tag? Schreib oder male alles hierhin – und lass es dann hier liegen. Du kannst dir dabei gerne vorstellen, wie sich all die Schutzwände, Säuren, Regeln, Vorstellungen und Werturteile in fruchtbaren Kompost verwandeln oder einfach in Luft auflösen.

V

Schlüssel zur Gelassenheit: Dankbarkeit und Selbstliebe

Die Erfahrung der vergangenen Jahre hat mich gelehrt: Der Weg zur Gelassenheit ist ein Dreischritt. Empfinde tiefe Dankbarkeit. Sie wird irgendwann zu Selbstliebe. Und dann zu großer Gelassenheit.

· ALS ICH MICH SELBST ZU LIEBEN BEGANN
· WAS DU VON CHARLIE CHAPLIN LERNEN KANNST
· DANKBARKEIT MACHT GLÜCKLICH
· LOTHARS WEG ZUR DANKBARKEIT
· DER EDLE ACHTFACHE PFAD
· EMPATHIE IM AUSSEN DURCH SELBSTLIEBE IM INNEN

ALS ICH MICH SELBST ZU LIEBEN BEGANN

Präzision, Perfektionismus, Kontrolle, Leistung, Erfolg, Karriere und Gewinn-maximierung sind in unserer heutigen Gesellschaft mehr denn je gefragt. Für Niederlagen, Misserfolg, Verlust oder gar Scheitern bleibt wenig Raum. Die Angst vor dem Scheitern gehört zu den großen Tabus unserer Gesellschaft.

Was es bedeutet, sich über Jahrzehnte selbst zu betäuben, zu jagen, die inneren Dämonen im Griff zu halten, weiß ich nur zu gut: Über viele Jahre war ich gnadenlos zu mir selbst – und zu anderen. Latent gefühlsbetäubt, in mir gefan-gen, dauergetrieben von meiner Angst, nicht zu genügen, gierig nach Erfolg, Applaus und Anerkennung. Bis zu meinem 35. Lebensjahr hatte ich keine Ah-nung, was Selbstliebe bedeutet. Stattdessen versuchte ich, mich über mein Ego zu spüren. Mithilfe dieser hyperaktiven Spannungskurven betrog ich allerdings sehr lange vor allem mich selbst.

Irgendwann habe ich in mir Dankbarkeit für die kleinen Dinge entdeckt. Da-raus wurde Selbstliebe. Und mit der Zeit Gelassenheit. Inzwischen mag ich meine kantige und verschrobene Seite. Ich mag den Anteil in mir, der eigen-willig ist. Ich mag sogar den Teil, der hin und wieder cholerisch ist. An dem arbeite ich. Ich mag mein schräges Lachen, meine krumme Nase. Ich mag beinahe alles an mir.

Selbstliebe hat nichts mit Egoismus zu tun. Wenn du dich selbst liebst und deine Bedürfnisse in den Mittelpunkt deiner Aufmerksamkeit stellst, erhellst du auch dein Umfeld. Um deinem Verhältnis zu dir selbst auf die Spur zu kommen, kannst du dich zum Beispiel fragen:

· Kann ich zu mir und meinem Körper stehen?
· Wie sehr wertschätze ich mich als Mann oder Frau?
· Empfinde ich aufrichtige Liebe für mich?
· Bin ich mir selbst meine beste Freundin, mein bester Freund?

Wenn du dich selbst mit Verständnis und Liebe betrachtest, wird dir auch die Welt mit mehr Wohlwollen begegnen.

MEIN TIPP: SCHAU IN DEN SPIEGEL, BETRACHTE DICH UND SAGE DIR: »ICH LIEBE DICH – IN DEINER WUNDERVOLLEN ART.« BEOBACHTE, WAS DABEI IN DIR PASSIERT.

WAS DU VON CHARLIE CHAPLIN LERNEN KANNST

Auch Charlie Chaplin erkannte irgendwann, was ihm guttat und was nicht. Eines Tages entließ er sich selbst aus dem selbst gebauten Hamsterrad. Zu seinen schönsten Vermächtnissen gehört diese Hymne an das Leben mit all seinen Höhen und Tiefen.

Als ich mich selbst zu lieben begann,
habe ich verstanden, dass ich immer, bei jeder Gelegenheit,
zur richtigen Zeit, am rechten Ort bin.
Und dass alles, was geschieht, richtig ist – von da an konnte ich ruhig sein.
Heute weiß ich: Das nennt man VERTRAUEN.

Als ich mich selbst zu lieben begann,
konnte ich erkennen, dass emotionaler Schmerz und Leid nur
Warnungen für mich sind. Warnungen, nicht gegen meine
eigene Wahrheit zu leben.
Heute weiß ich: Das nennt man AUTHENTISCH SEIN.

Als ich mich selbst zu lieben begann,
habe ich aufgehört, mich nach einem anderen Leben zu sehnen
und konnte sehen, dass alles um mich herum eine Aufforderung
zum Wachsen war.
Heute weiß ich: Das nennt man REIFE.

Als ich mich selbst zu lieben begann,
habe ich aufgehört, mich meiner freien Zeit zu berauben,
und ich habe aufgehört, weiter grandiose Projekte für die Zukunft zu entwerfen.
Heute mache ich nur das, was mir Spaß und Freude macht,
was ich liebe und was mein Herz zum Lachen bringt.
Ich tue es auf meine eigene Art und Weise und in meinem Tempo.
Heute weiß ich: Das nennt man EHRLICHKEIT.

Als ich mich selbst zu lieben begann,
habe ich mich von allem befreit, was nicht gesund für mich war,
von Speisen, Menschen, Dingen, Situationen
und von Allem, was mich immer wieder hinunterzog, weg von mir selbst.
Anfangs nannte ich das »Gesunden Egoismus«,
aber heute weiß ich: Das ist SELBSTLIEBE.

Als ich mich selbst zu lieben begann,
habe ich aufgehört, immer recht haben zu wollen,
so habe ich mich weniger geirrt.
Heute habe ich erkannt: Das nennt man DEMUT.

Als ich mich selbst zu lieben begann,
habe ich mich geweigert, in der Vergangenheit zu leben
und mich um meine Zukunft zu sorgen.
Jetzt lebe ich nur noch in diesem Augenblick, wo alles stattfindet.
So lebe ich heute jeden Tag und nenne es BEWUSSTHEIT.

Als ich mich selbst zu lieben begann,
da habe ich erkannt, dass mich mein Denken
armselig und krank machen kann.
Als ich jedoch meine Herzenskräfte anforderte,
bekam der Verstand einen wichtigen Partner.
Diese Verbindung nenne ich heute HERZENSWEISHEIT.

Wir brauchen uns nicht weiter vor Auseinandersetzungen,
Konflikten und Problemen mit uns selbst und anderen zu fürchten,
denn sogar Sterne krallen manchmal aufeinander
und es entstehen neue Welten.
Heute weiß ich: DAS IST DAS LEBEN!

DANKBARKEIT MACHT GLÜCKLICH

Die meisten Menschen auf diesem Planeten machen keinen Urlaub, haben kein Geld auf der Bank, sie besitzen kein Auto. Sie verfügen nicht über sauberes Trinkwasser, nicht mal ein Dach über dem Kopf.

Wenn du heute früh aufgestanden bist und gesund warst, hast du ein besseres Los gezogen als Abermillionen Menschen auf diesem Planeten. Viele werden die nächste Woche nicht mehr erleben. Wenn du in einer Demokratie wohnst, wenn du deine Meinung frei äußern kannst, ohne bedroht, gepeinigt oder gefoltert zu werden, wenn du was zu essen im Kühlschrank, ein Dach über dem Kopf und einen Platz zum Schlafen hast, bist du reicher als drei Viertel der Erdbevölkerung.

Solange du den Fokus auf einen vermeintlichen Mangel richtest, wird er in deiner Wahrnehmung zunehmen. Dreh deine Perspektive doch einfach mal um und sieh, was alles in Fülle da ist.

Dankbarkeit ist ein entscheidendes Tor zu mehr Gelassenheit. Und eine wundervolle Übung, um aus dem Kreislauf der Unzufriedenheit herauszufinden. Über Dankbarkeit beginnen wir, uns anzunehmen, zu mögen und zu lieben. Aufrichtiger Dank macht zufrieden und glücklich. Er verändert uns selbst und die anderen. Dankbarkeit ist letztlich die Triebfeder für Selbstakzeptanz und

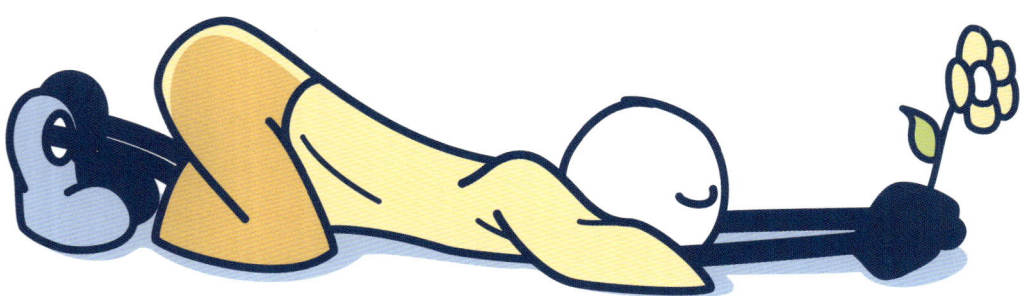

Selbstliebe. Denn in der Dankbarkeit nehmen wir uns selbst an. Wir hören auf, uns permanent zu vergleichen, und gehen in eine warmherzige Resonanz zu anderen Menschen.

Falls dir gerade nicht so recht einfallen will, wofür du dankbar bist, hier ein paar Vorschläge:

Für die großartige Natur, die dich umgibt.
Für die Kunst und die Musik.
Für die stillen Momente, in denen du mit dir allein bist.
Für die Freiheit, in der du leben darfst.
Für die Urlaube, die du in deinem Leben schon machen konntest.
Für den kindlichen, verspielten und verrückten Teil in dir.
Für die Möglichkeit, morgen komplett neu anzufangen.
Für Millionen von Möglichkeiten, die dir das Leben offenhält.
Für die wundervollen Erlebnisse der Vergangenheit.
Für die großartigen Chancen in deiner Zukunft.
Für den Menschen, den du im Spiegel siehst.

Vielleicht bist du deinen Eltern dankbar, deinen Freunden, Bekannten, Kollegen, Unterstützern, Mentoren. Und, falls du an ihn glaubst, auch Gott oder dem Universum. Und auch wenn wir nur ein winziger Teil des großen Ganzen sind, können wir uns dafür bedanken, dass es uns nicht vergisst.

Nimm dir ein paar Minuten Zeit und schreib mal alles auf, was du in den letzten Tagen, Monaten und Jahren vom Leben geschenkt bekommen hast. Liste alle kleinen wie großen Dinge auf, an denen du dich erfreust. Bedanken verändert. Denn Dankbarkeit ist die Basis für Achtsamkeit. Und Achtsamkeit die Basis für Gelassenheit.

LOTHARS WEG ZUR DANKBARKEIT

Die Distanz von Deutschland nach Vietnam beträgt über 15.000 Kilometer. Mein Freund, der deutsche Journalist Lothar Baltrusch, ist diese Strecke 2013 mit dem Motorrad gefahren. Ein langer und kräftezehrender Weg.

Lothar hat in Vietnam Huyen besucht, ein 13-jähriges vietnamesisches Mädchen, für das er im September 2009 eine Patenschaft übernommen hat. Peter Maffay war so begeistert von der Idee, dass er Schirmherr der Aktion wurde. Kurz vor Ende der Reise habe ich mit Lothar ein Telefon-Interview geführt. Seine Gedanken haben mich sehr bewegt.

»Als ich 18 war, kam der Krebs. Hodenkrebs. Danach war ich zeugungsunfähig. Wie dumm, ich komme aus einer großen Familie mit 4 Brüdern – und wollte immer eine eigene Familie haben. Ich bekam ein zweites Mal Krebs. Auch überlebt. Ich hab als Werkzeugmacher gearbeitet. Auch überlebt. Dann kam Antenne Unna. 22 Jahre lang. Tolle Zeit.

2009 bin ich Pate von Huyen geworden. Mein World-Vision-Patenkind in Vietnam. Monatlich 30 Euro. Der Briefkontakt verdichtete sich. Bilder hin und her. Neugierige Augen auf beiden Seiten. Dann sah ich Ende 2011 die DVD ›Long way round‹. Der Auslöser für alles! Coole Männerkiste. Zwei Jungs sind in 115 Tagen satte 30.395 km um die Welt gefahren. London, Brüssel, Prag, Kiew, Almaty, Ulan Bator, Yakutsk, Anchorage, Calgary, Chicago, New York. Welch ein Mut, welch eine Inspiration. Ich hab gleich meinen Kumpel Andreas angerufen: ›Sag mal Andreas – kann man mit dem Bike von Unna nach Vietnam fahren, zu meinem Patenkind?‹ Die Antwort war Ja. ›Way to Huyen‹ war geboren.

Auf dem Weg zum Aufbruch dahin gab es verdammt viele Neider. Der Tenor: ›Baltrusch finanziert sich eine Urlaubsreise auf dem Rücken armer Kinder‹. Anfangs hat mich das unfassbar traurig gemacht – später kam das Prinzip

Lothar wieder in mir hoch: einfach weitermachen. Machen statt Quatschen – das wurde mein Motto. Dabei habe ich viele Unterstützer gefunden. Insgesamt kamen für die Kinder in Vietnam über 20.000 Euro zusammen. NATÜRLICH hab ich meine Reise komplett alleine und aus eigener Tasche finanziert. Während ich momentan noch auf dem Weg bin, ist das Spendengeld schon lange in Vietnam angekommen.

Was das alles mit mir macht, möchtest du wissen. Ja, eine gute Frage. Es hat meine Einstellung zum Materiellen und Humanitären geändert. Es ist nicht mehr wichtig, den Kühlschrank voll, 20 Jeans im Schrank oder ein schickes Auto zu haben. Es ist wichtig ›Harmonie‹ zu spüren. Ying Yang !!! Ich habe Menschen getroffen, die hatten nur das, was sie anhatten, und wussten nicht, wie sie den nächsten Tag überleben. Zum Beispiel die Müllkinder in Ulan Bator. Im Winter leben sie unter der Straße in der Kanalisation, der einzige Ort, der Wärme verspricht. Sie leben von dem, was die anderen wegschmeißen – die Müllkippe ist ihr Zuhause und ihr Arbeitsplatz. Der neunjährige Munkhzorig sagte zu mir: ›Lieber hier etwas finden und verkaufen, als anderen Menschen was klauen.‹

Auf der Fahrt hatte ich eine Tasche mit Sportsachen dabei. Der Junge bekam Turnschuhe, dem Vater gab ich drei dicke Trikots. Er bedankte sich mit Worten, die ich nicht verstand, er nahm meine Hände und küsste sie – mehrfach.

Ich habe auf der Reise nach Vietnam im Staub gepennt, bin hungrig ins Bett gegangen und hungrig aufgestanden. Ich bin jeden Tag 500 bis 600 km Bike gefahren und habe mehrgängige Menüs von silbernen Tellern gegessen. Ich habe tagelang nicht geduscht und habe mir danach in einem Luxushotel mit Coco Chanel Creme meinen Hintern eingerieben – nach dem Baden. Ich weiß nun mehr denn je, was ich wirklich brauche. Eine Handvoll Essen, eine Familie, Freunde und die Zuversicht, dass morgen die Sonne aufgeht. Ich kenne jetzt den Unterschied zwischen unsinnigem Reichtum und den verzagten Augen armer Menschen. Leider kann man diese Fallhöhe nicht ansatzweise in Worte fassen. Doch ich bin so dankbar, diese Tiefen und Höhen erfahren zu haben. DAS alles wird mein zukünftiges Leben ausmachen.

Von Chu, unserem Reisebegleiter in China, habe ich einen Satz gehört, der mich sehr beeindruckt hat: ›Mao ging den langen Marsch, von 1935 bis 1936. Er durchquerte dabei sein China und sagte danach: Ein kleines Feuer kann eine ganze Grassteppe anzünden.‹ Ich habe lange über diesen Satz nachgedacht.«

Übrigens: Die Geschichte zu Lothars Reise findest du unter www.die-runde-ecke.com auch als Video.

DER EDLE ACHTFACHE PFAD

In meinen Büchern findest du keine religiösen oder esoterischen Aussagen. Ich glaube, dass es zu viele Religionen auf dieser Welt gibt, um nur einer zu folgen, und habe mir aus allen Glaubensrichtungen sozusagen »den besten Mix« gebastelt. Ganz ohne Kirchensteuern, Glaubensbekenntnis oder Engstirnigkeit.

Am Buddhismus gefällt mir, dass er die Menschen vor allem Eigenverantwortung, Dankbarkeit und Selbstliebe lehrt. Nach der Lehre Buddhas kann sich jeder selbst erlösen. Helfen können dabei die sogenannten »vier edlen Wahrheiten«. In meinen Worten lauten sie:

1. Glück ist vergänglich und das Leben ist Leiden.
2. Leiden wirst du vor allem, weil du mehr haben willst, als du besitzt.
3. Das Leiden hört auf, wenn du Gier und Hass überwindest.
4. Es gibt einen Weg zum Glück. Das ist der Achtfache Pfad.

Dieser Achtfache Pfad besagt, nochmals in zeitgemäßen Worten:

1 *Verstehe, dass das Leben immer Veränderung mit sich bringt, wie Leid entsteht, was dessen Ursachen sind, und wie man es beendet.*
2 *Verpflichte dich, Dogmatismus, Zorn, Starre, Eifersucht und Stolz aus deinem Fühlen und Handeln zu verbannen.*
3 *Lüge nicht, rede nicht schlecht über andere.*
4 *Mach nichts, was anderen schadet. Denn diese Taten kehren zu dir zurück.*
5 *Führe ein von Mitgefühl und Weisheit bestimmtes Leben.*
6 *Bringe in deinem Körper eine ruhende Energie auf.*
7 *Vergiss dich nicht, in all dem Trubel um dich herum. Finde Momente der Achtsamkeit und Konzentration.*
8 *Bringe deinen Geist immer wieder an eine Stelle, halte ihn dort. Das sorgt für Klarheit. Und Meditation kann für eine Weile das Gefühl der Zeitlosigkeit in dir hervorbringen.*

Aus dem Buddhismus habe ich gelernt: Leid passiert nicht einfach so. Es zeigt mir den Abstand zwischen meinen Wünschen und der Art, wie ich momentan lebe, wie ich momentan mit mir umgehe. Leiden heißt, vom eigenen Weg abgekommen zu sein. Wer erkennt, dass Veränderung nur aus der eigenen inneren Mitte kommen kann – und selten von außen, hat eine wichtige Tür zu Erkenntnis und innerer Gelassenheit geöffnet.

EMPATHIE IM AUSSEN DURCH SELBSTLIEBE IM INNEN

Ein ganz normaler Montag in Köln. Jemand hat ein Schild ins Fenster einer Wohnung gehängt.

KATZEN-BABYS ZU VERSCHENKEN!

Nach ein paar Minuten kommt ein Mädchen vorbei, bleibt stehen, denkt nach, klingelt und fragt die Frau hinter der Wohnungstür: »Hey, hallo! Darf ich mir die Katzen mal anschauen?« Die Frau lächelt. »Klar! Aber erschreck dich nicht. Hier ist es völlig unaufgeräumt.«

Als das Mädchen den Kätzchen beim Herumtoben zuschaut, sieht es, dass ein Kätzchen nicht richtig mitmacht. »Was hat das Kätzchen denn?«, fragt das Mädchen. Die Frau erklärt, dass es einen Geburtsfehler hat und ein Bein nicht ganz ausgebildet wurde. »Wir müssen es einschläfern lassen, der Tierarzt hatte nur noch keine Zeit.« »Darf ich es haben?«, fragt das Mädchen. Die Frau schüttelt den Kopf. »Das ist doch Unsinn. Du willst doch kein verkrüppeltes Kätzchen haben. Es wird nie so spielen können wie eine normale Katze!«

Das kleine Mädchen schaut der Frau nachdenklich in die Augen und sagt: »Diese Katze ist genauso viel wert wie die anderen. Jedenfalls für mich.« Als die Frau sie skeptisch anschaut, zieht das Mädchen sein T-Shirt hoch. Darunter kommen tiefe OP-Narben zum Vorschein, quer über die ganze Brust. »Wissen Sie, ich weiß, wie es ist, anders zu sein und diese Katze braucht jemanden, der sie versteht!« Die Frau ringt nach Worten. Sie nimmt das Kätzchen, reicht es dem Mädchen und sagt leise: »Meine Liebe, ich wünsche dir und der kleinen Katze alles Gute.«

Man sieht nur mit dem Herzen gut, schrieb Antoine de Saint-Exupéry in »Der kleine Prinz«. Ganz in diesem Sinne bietet dir jeder Tag zahlreiche Gelegenheiten, eine warmherzige Resonanz mit dem Leben zu spüren, mehr und tiefer zu lieben. Bei jeder Begegnung mit dir, deinen Mitmenschen und den Geschöpfen dieser Erde wählst du bewusst oder unbewusst zwischen Lieben und Verurteilen, Anerkennen und Ablehnen, Trennen und Verbinden, Verletzen und Heilen. Du kannst dich immer wieder neu entscheiden. Du kannst dich fragen: Wer will ich heute und an jedem weiteren Tag meines Lebens sein? Will ich meine Welt bis zu meinem Tod bereichern oder ärmer machen, will ich Freude in die Welt bringen oder Frust, will ich Frieden bringen oder Krieg?

Niemand außer dir selbst kann die Innen- und Außenwelt verändern. Das kannst nur DU.

VI

Finale

WILD ENTSCHLOSSEN

Vielleicht verspürst du jetzt gerade eine enorme Entschlossenheit und Energie. Du hast einen ganz konkreten Plan, wie du dein Leben umkrempeln möchtest. Jetzt und hier und sofort.

Wer nun voller Tatendrang losstürmt und sofort alles mit Power verändern will, wird dabei eher nicht den Weg nach innen finden. Daher mein Tipp: Lass es langsam angehen. Es ist nicht wichtig, wie schnell du gehst, solange du nicht stehen bleibst.

Für die kommenden Wochen empfehle ich dir ein paar bewährte Leitsätze. Sie haben mir auf meiner inneren Reise zu Klarheit, Selbstliebe und Gelassenheit sehr geholfen. Sie stammen aus dem dem Buch »RET – Training: Einführung in die Praxis der rational-emotiven Therapie« von Susan Walen, Raymond Di-Giuseppe und Richard Wessler.

- Ich habe das Recht, eigene Ziele, Bedürfnisse und Wünsche zu haben und zu äußern.
- Ich habe das Recht, zu verlangen, was ich möchte.
- Ich habe das Recht, eigene Gefühle zu haben und zu äußern.
- Ich habe das Recht, eigene Prioritäten zu setzen.
- Ich habe das Recht, eigene Wertmaßstäbe und Ansichten zu haben und zu äußern.
- Ich habe das Recht, meine Ansichten zu ändern.
- Ich habe das Recht, Fehler zu machen und so Erfahrungen zu sammeln.
- Ich habe das Recht, für mich selbst ja und nein zu sagen.
- Ich habe das Recht, mit Respekt behandelt zu werden.
- Ich habe das Recht, angehört und ernst genommen zu werden.
- Ich habe das Recht, zu sagen, wenn ich etwas nicht verstehe.
- Ich habe das Recht, die Verantwortung für die Probleme anderer Menschen abzulehnen.

Diese Leitsätze können auch dir bei der Navigation in Richtung Gelassenheit helfen und dir von Zeit zu Zeit neue Orientierung geben. Und übrigens ...

ERWARTE KEINE BEIFALLSBEKUNDUNGEN

Auf dem Weg nach innen und zu mehr Gelassenheit kann man seine Mitmenschen schnell überfordern. Freunde, Partner, Familienangehörige oder Kollegen sind oft verwirrt, beleidigt oder sogar wütend. Denn es macht ihnen Angst, wenn jemand die Routinen des Alltags verändert und seinen ureigenen Weg einschlägt. Wo viele in der alltäglichen Tretmühle ihr Herz verraten, gilt leicht derjenige als Verräter, wer anfängt, seinem Herzen treu zu sein.

Respektiere das Verhalten der anderen. Verurteile es nicht. Jeder darf seinen Weg gehen, in seinem eigenen Tempo. Dabei darf jeder auch beim Alten und Gewohnten bleiben. Wenn jemand sich von dir trennt, weil du einen neuen Weg gehst, mag das für dich sehr schmerzhaft sein, doch auch hierin kann eine wichtige und wertvolle Erfahrung auf dem Weg zu dir selbst liegen. Niemand muss deinen Weg gehen. Es ist nur DEIN Weg.

EIN RADIOSENDER FÜR DIE ZEIT IN DER WÜSTE

Bei jedem Lernen gibt es Trockenzeiten, in denen uns kein Lüftchen erfrischt. Wir fühlen uns dann wie in der Wüste und erleben Dürreperioden. Solche Phasen tauchen wie aus dem Nichts auf und scheinen sich manchmal bis zum Horizont auszudehnen. Das Leben verliert dann an Süße. Die alten Zweifel, die Angst und auch die Unruhe melden sich wieder.

In solchen Momenten fragt man sich: Wie lange wird das noch dauern? Ich kann doch nicht ewig warten. Die Suche nach Gelassenheit und inneren Frieden fühlt sich dann leer an. Wir erleben diese Momente als belastend und fragen uns, ob wir eigentlich noch auf dem richtigen Weg sind. Wir zweifeln – an uns selbst und an dem großen Ganzen. Geh in solchen Momenten freundlich und selbstliebend mit dir um. Zweifel und Rückschritte gehören zu jedem

Wachstumsprozess dazu. Der »Wind of Change« ist eben ein Wechselwind, der sich auch mal gegen dich wendet oder die Richtung ändert. Betrachte Dürrephasen als wichtige Zwischenstufen für deinen Lern- und Entwicklungsprozess und nicht als persönliches Versagen.

Damit du dir regelmäßig neue Kraft und Motivation holen kannst, haben wir – wie eingangs schon erwähnt – einen Radiosender zu diesem Buch ins Leben gerufen: Das CoachingRadio. Es sendet non-stop unter www.DasCoachingradio.de motivierende Gedanken für mehr Gelassenheit. Am Morgen kannst du dir auf diese Weise einen Ankerpunkt für den Tag holen. Und am Abend kann dich das Programm wieder erden und zur Ruhe bringen. Das hilft dir hoffentlich, nicht aufzugeben, sondern weiter jeden Tag zu wachsen, bis du wieder aufblühst wie das Leben in der Wüste.

HVALA! DIAKUIU! ARIGATÔ!

Mit diesen Zeilen geht dieses Buch auf die Zielgerade. Ich möchte drei Menschen fest in meine Arme schließen: Dorothee Krüger, Tim Baas und Christoph Flach. Sie waren meine Stützen, während dieses Buch entstand. Sie haben mich ermutigt, wenn ich durchhing. Sie haben mich bestätigt, wenn ich richtig lag. Sie haben mich korrigiert, wenn ich Blödsinn schrieb. Und sie haben viele tolle Ideen dazu beigetragen, dabei ihr Herz und ihre Weisheit in dieses Buch gegeben. Es war immer wieder ein großes Vergnügen, sich ohne große Worte, teils über Tausende von Kilometern, ganz selbstverständlich zu verständigen. Danke!

Mein ganz besonders herzlicher Dank geht an Keno Mescher, Dr. med. Christian Schmiegelt, Reiner Bergmann, Nayoma de Haen und Jutta Mundus. Der wunder-volle Reiner hat das Buch mit Hunderten von Pinselstrichen liebevoll gestaltet, Christian hat es fachlich geprüft, Nayoma sehr detailverliebt lektoriert, Jutta mit ihrem Design veredelt. Und Keno hat Teile des Kapitels zu unseren menschlichen Rollen verfasst.

Außerdem möchte ich mich vor allen Menschen verneigen, mit denen ich in den vergangenen Jahren Zeit verbringen durfte. Dazu zählen meine tolle Frau Alexandra, meine tollen Jungs, meine Schwestern Marion und Karola, Cyrus Sadri, Margrit Benecke, Ralph Günther, Christiane Rüffer, Denis Fröhlecke und Stefan Scheurer.

Ja, und natürlich grüße ich meine großartige Mama, die mir im Leben viele Räume geöffnet hat, teils ohne es überhaupt zu ahnen. Und weiter oben grüße ich meinen Papa und zwei der feinsten Menschen, die ich je getroffen habe: Ferdinand Keller und Markus Walter. Ich hoffe, dass ihr beiden mich dort auch hören könnt.

Diese Seiten habe ich nach bestem Wissen und Gewissen geschrieben. Alle Kapitel wurden von Fachleuten aus den Berufsfeldern Persönlichkeitsentwicklung, Psychologie und Medizin geprüft. Solltest du neuere, bessere oder andere Erkenntnisse haben, so lass es mich gerne wissen. Falls dir in diesem Buch ein Gedanke oder gar ein wichtiges Kapitel fehlt, schick mir einfach eine Mail über: www.patricklynen.com

Coaching-Tipps findest du hier: www.facebook.com/lynen.patrick
Apps und Downloads unter: www.how-to-get-gelassenheit.com
Oder du hörst das Radio zum Buch: www.DasCoachingRadio.de

ÜBER DEN AUTOR

Patrick Lynen arbeitet als Trainer, Coach und Zukunftsdenker in ganz Europa. Er ist ein Meister des Wandels, hat schon viele unterschiedliche Dinge in seinem Leben gemacht, und kennt sich daher gut mit Brüchen und Wechseln aus. Er war Zeitungsausträger, Aushilfe bei McDonalds, Werbesprecher für große Marken wie Coca-Cola oder Opel, Radiomoderator bei SWR3, Lockvogel bei »Verstehen Sie Spaß?«, Mitarbeiter bei der Harald-Schmidt-Show, Redenschreiber, Ideenentwickler, Getränkeproduzent, Vermieter von Eifeltraum-Ferienhäusern, Kommunikationstrainer, Coach für Führungskräfte, Buch-Autor, Berater für verschiedene Branchen, Referent für zahlreiche Universitäten und Akademien – darunter die renommierte ARD.ZDF Medienakademie.

ÜBER DEN ILLUSTRATOR

Als Illustrator für dieses Buch kam für Patrick Lynen nur einer in Frage: Reiner Bergmann aus Aachen. Die beiden haben sich im Rahmen ihrer Arbeit für ein großes Automobilunternehmen kennen- und schätzengelernt. In zahlreichen Gesprächen, teils am Kaminfeuer in der Einsamkeit der Vulkaneifel, sind dann später die Seiten für dieses Buch entstanden. Patrick über Reiner: »Ein positiv Verrückter, ein herzensgutes Genie!«

Dr. Christian Schmiegelt (Facharzt für Neurologie, Psychiatrie und Psychotherapie) hat das Buch aus medizinisch-therapeutischer Sicht begleitet.

STIMMEN ZUM BUCH

Purple Schulz – Musiker
Patrick Lynen schreibt keine Songs, aber dieses Buch könnte trotzdem der Soundtrack des Lebens seiner Leser werden. Ich wünsche mir das jedenfalls sehr.

Dorothee Krüger – Schauspielerin und Sprecherin
Kluge Gedanken zum Thema Gelassenheit, die man sofort in seinen Alltag übertragen kann. Dieses Buch ist eine Herzensangelegenheit – und das spürt man.

Thorsten Schorn – Eins Live, Stern TV, Zimmer frei
Patrick war niemals hochbegabt, überaus gebildet oder besonders gut aussehend. Doch mit ganz viel Ausdauer und Gelassenheit hat er es geschafft. Das haben wir gemeinsam. Ein Buch mit tollen Denkanstößen!

Mario Frusch – Vorstandvorsitzender TNT Post Deutschland, Dipl.-Psychologe
Nachhaltige Denkanstöße. Tricks und Tipps, um ein ganzes Leben lang davon zu profitieren.

Zozan Mönch – Redakteurin/Moderatorin bei Radio Bremen
Ich kenne Patrick Lynen als hochkreativen Menschen, immer offen für Veränderung. Ein beeindruckendes Buch, das komplexe Sachverhalte federleicht erklärt.

Martin Sacht – Mitglied der Geschäftsleitung RTL interactive GmbH
Patrick hat alles, was einen außergewöhnlichen Menschen ausmacht. Er ist auf sehr sympathische Weise entspannt, humorvoll, pointiert. Wegweisende Gedanken, die man gerne liest.

Stefan Scheurer – SWR3, Deutschlands Pop-Radio Nummer 1

Wenn man lange nach etwas gesucht hat und es dann findet, dann nennt man es Zuhause. Dieses Buch ist für mich in vielen Momenten so etwas wie ein Zuhause.

Christoph Flach – Moderator, Trainer & Coach

Seit ich Patrick Lynen kenne, tüftelt er mit Begeisterung an der jeweils nächsten größeren Veränderung in seinem Leben. Permanente Weiterentwicklung, kluge Umsicht, tiefe Menschenkenntnis. Patrick ändert sich und bleibt sich damit treu. War aber auch Zeit, dass er mal wieder ein Buch schreibt!

Tobias Geißner – Dipl.-Psychologe, Fachgebietsleiter an der ARD ZDFmedienakademie

Den täglichen Druck meistern. Mit Leichtigkeit durch den Alltag gehen. Ein ›wundervolles Buch‹ rund um das Thema Gelassenheit.

Thomas Frankenbach
Somatische Intelligenz
Hören, was der Körper braucht

gebunden, 208 Seiten
€ [D] 14,95 / € [A] 15,40
ISBN 978-3-86728-249-9

Entdecken Sie Ihre Somatische Intelligenz – die Weisheit Ihres Körpers! Jenseits von Ernährungsratgebern, zweifelhaften Diätplänen und Kalorientabellen ist unsere Somatische Intelligenz eine entscheidende Hilfe, wenn es um die Auswahl der richtigen Kost und einen für uns guten Lebensstil geht.

Mit diesem Buch erfahren Sie, warum wir verlernt haben, beim Essen der Intelligenz des Körpers zu vertrauen. Es hilft Ihnen, Ihre Somatische Intelligenz als Ihren wichtigsten Ernährungsberater richtig einzusetzen.

Denn jeder Mensch hat einzigartige Ernährungsbedürfnisse, weil jeder Mensch einzigartig ist.

Patrick Lynen
Mach dich mal locker
Vom leichten Umgang mit den Widrigkeiten des Lebens

Kompakt, 112 Seiten
€ [D] 7,99 / € [A] 8,20
ISBN 978-3-86728-283-3

Handy verloren, Ärger mit den Kollegen, Streit mit dem Nachwuchs?

Das Leben meint es nicht immer gut mit uns, manchmal kann es richtig fies sein. Dann wird man hektisch, grollend oder wütend. Keine angenehmen Gefühle – und ungesund sind sie auch.

Mach dich mal locker! Was wie eine große Herausforderung klingt, ist in Wahrheit gar nicht so schwer. Patrick Lynen zeigt dir 33 ganz konkrete Strategien auf, wie du die ständigen Herausforderungen des Lebens mit mehr Leichtigkeit meistern kannst.

Humorvolle und wissenschaftlich fundierte Denkanstöße für einen entspannten Umgang mit dir selbst und deinen Mitmenschen.

Empfinde tiefe
Dankbarkeit.

Sie wird irgend-
wann zu Selbst-
liebe.

Und dann zu
großer
Gelassenheit.